富有的习惯

[美]托马斯·科里（Thomas C. Corley）◎著

程静 刘勇军◎译

民主与建设出版社
·北京·

序　言

1978年的中国，在一个名为小岗的小村庄里，18位敢为天下先的农民率先走上了一条崭新的发展之路，正是这条道路的开辟，引发了中国的经济改革，并引领整个国家发展为举世瞩目的经济强国。有赖于这些农民的大胆尝试和邓小平的远见卓识，中国已有数亿人摆脱了贫困，而且一个日益壮大的中产阶层正在中国形成。

经过数十年的经济改革，如今中国的亿万富翁人数位居世界首位，百万富翁的数量也将很快赶超美国。中国经济和中国人的未来呈现出前所未有的光明态势。

不过，成功的机遇以及成功所创造的财富从来不是天上掉下来的。我花了5年时间，针对233位百万富翁，尤其是177位白手起家的百万富翁的日常习惯进行了调查，同时还研究了128位在贫困线上挣扎的普通人的日常习惯，希望通过比对找出贫困人士的错误症结所在。在那本之前出版的畅销书《富有的习惯》中，我已经将所有成功与失败的秘密与世界各地一亿多人分享，现在我终于有机会将它们分享给你，这令我感到无比激动。

在这本书中，我将与你分享以下通过调查和研究得出的结论：

富人与穷人的行为有何区别？

富人的某些习惯性行为引领他们走上了通往成功的道路，这些行为是什么？

• **富人关心自己的身体状况**：76%的富人每星期至少有4天会花20~30分钟做有氧运动，比如跑步、慢跑、健走、骑自行车、游泳等等。跑步、慢跑或健走并不花钱，任何人都可以效仿。75%的富人不去快餐餐厅吃饭。快餐是不健康食品，容易引起肥胖等健康问题。

• **富人会阅读**：在富人当中，有85%的人每个月至少阅读两本书，88%的人每天至少阅读30分钟。他们读什么？51%的人读历史，55%读自我成长类书籍，58%阅读成功人士的自传，79%阅读学习资料。

- **富人会培养人脉**：86%的富人会结交能够帮助自己实现梦想和目标的人，也就是在追求成功的道路上与他们志同道合的人。
- **富人是决策者**：91%的富人为自己的业务做出决策。他们快速做出决定，并且接受决定带来的后果。他们不对事情思虑过度，而是迅速采取行动。
- **富人讲究礼仪**：75%的富人会送出致谢卡片，也会在节假日或其他特殊时刻送出贺卡。他们将"请""谢谢"和"我是否可以……"挂在嘴边。他们在听别人说话时会注视对方。他们将自己关心的人的生日、纪念日和各类人生大事的日期牢记在心。他们不会批评、谴责或抱怨别人。
- **富人充满激情**：82%的富人坚持做自己感兴趣的事。激情就像一个开关，它一旦打开，人们就获得了坚持不懈的能量，而坚持是所有成功人士的头号特质。
- **富人设定并且追求宏大的目标**：55%的富人会花上至少一年时间追求某一个目标。
- **富人经常说"不"**：对那些可能阻碍自己实现人生目标和梦想的人和事说"不"，是富人的习惯之一。拒绝别人很难，但这是富人们常用的一个重要的时间管理工具。

富人怎样说话？

持续的沟通是建立稳固的人际关系的先决条件。

富人擅长沟通，因此得以建立稳固而长久的人际关系。在研究过程中，我总结了他们使用的部分沟通策略：

- **富人从不八卦**：94%的富人从不聊八卦。大部分八卦消息是负面的，会对人际关系带来无法弥补的伤害。富人热衷于打造稳固的人脉，所以对于八卦，他们就像对待瘟疫一般唯恐避之不及。

- **富人会打电话送出生日祝福**：80%的富人会给看重的人打电话，送上生日祝福。生日祝福电话相当于为重要的人际关系加上一套"生命维持系统"，而收到祝福的人中有25%的人会有所回馈，这样的人际关系便脱离了需要"生命维持系统"的阶段。

- **富人会打电话致以问候**：80%的富人会给希望建立稳固关系的对象打电话，向对方致以问候，同时他们还能够收集对建立人际关系有益的信息。

- **富人会打电话关注对方人生中重要时刻**：比如在对方家中有新生儿降生或对方升职、加薪时，打电话表达恭贺，便能够与对方形成强烈的情绪共鸣，使人际关系变得更加稳固。在对方人生重要时刻致电，就像为人际关系修筑了一个保护层。

- **富人不会怎么想就怎么说**：94%的富人不会把心里话完全说出来。他们三思而后行，对自己的想法进行分析和归纳，在针对重要的事情进行沟通的时候尽量做到有效。

富人怎样思考？

头脑中的想法被频繁地重复，就形成了习惯。习惯性想法决定了我们的为人。习惯性想法是富人之所以富有的原因之一。先出现习惯性想法，习惯性的行为便会紧随其后。习惯性想法一旦成型，我们就形成了自己的惯性思维。要成为富人，必须有积极的想法。为了变得富有，我们就要学习怎样像富人一样思考。富人有哪些习惯性的想法呢？

- **富人相信自己**：79%的富人坚信自己能够摆脱贫穷，或从中产阶层跃升为富有阶层。90%的富人不相信命运。他们认为自己的人生掌握在自己手中。

- **富人相信勤能补拙**：90%的富人相信努力工作比高智商更为重要。

- **富人相信坚持能够带来好运气**：92%的富人相信，只要对自己热爱的事物不懈追求，便能为自己创造好运气。他们总是孜孜不倦，百折不挠地追求梦想和目标。为了实现自己的梦想，成为富人，他们平均耗费的时间是12年。

- **富人拥有乐观的心态**：54%的富人相信乐观是成功的重要因素。
- **富人懂得控制情绪**：81%的富人养成了控制愤怒、嫉妒、埋怨和仇恨等负面情绪的习惯，因此人们与他们打交道时会觉得轻松自在。
- **富人相信诚实就是最好的策略**：85%的富人坚持说真话，从不撒谎。做一个诚实的人才能得到别人的信任，而信任是成功和稳固的人际关系的基础。

在本书中，你还会学到以下内容：

如何百分之百地实现自己的目标？

我会告诉你关于设定梦想的几点概念。梦想的设定包含三个步骤，书中会详细谈到其中的每一步。只要掌握梦想设定的过程，就会懂得怎样才能将自己的目标百分之百地一一实现，并且一步步走向梦想中的完美生活。

序 言
PREFACE

怎样找到人生的主要目标？

找到人生目标对于成功至关重要，我会在书中告诉你确定人生目标的详细步骤。你甚至可以与孩子们分享这些步骤，帮助他们找到自己的人生目标。一旦感受到人生召唤，工作起来便像玩游戏一样充满激情。

如何培养成功、富有而幸福的孩子？

我会与你分享一些能够教给孩子们的习惯，只要养成这些习惯，他们就能获得成功、财富、健康和幸福。

如何找到帮助自己达到目标和实现梦想的贵人？

你会学习怎样为自己的事业寻找支持者，也就是能够助你一臂之力的人。这不仅能够极大提高成功的机会，而且与自己独自埋头用功相比，这样要轻松得多。

如何找到改变习惯的捷径？

我会与你分享在习惯的改变方面最新的科学发现。利用捷径能够减少养成新习惯和改变坏习惯所需的时间。我会解释"习惯堆叠法"是怎么运作的，分享启动习惯改变过程的小策略，还会告诉你怎样养成新的早间习惯，午间习惯和晚间习惯。

通往财富的三条路径是什么？

我会向你介绍富人们积累财富的三种方法。

怎样才能交好运？

你会了解四种不同类型的运气，书中还将详细介绍怎样创造机遇，也就是富人们为自己制造的好运气，以及怎样避免厄运，即穷人们为自己带来的坏运气。

不当老板也能变得富有

在针对富有的习惯所调查的对象中，只有51%的百万富翁是公司老板，其他49%是通过在公司任职积累起可观的财富的。所以，为别人工作同样能够变得富有，至于怎样做到这一点，书中自有答案。

如何拓展收入渠道？

富人们有一个共同的特点，他们当中大部分人拥有至少三种收入来源。我将向你解释多项收入来源的重要性，告诉你怎样开辟新的收入渠道。

习惯为什么很重要？

在我们的日常活动中，有40%~85%的行为都是习惯。我会与你分享脑科学最前沿的研究成果，解释我们的大脑形成习惯的机制。你会了解大脑通过哪些步骤使得我们养成习惯，以及怎样蒙蔽大脑来形成好的习惯。

如何提高智商？

你想要更高的IQ吗？希望提升自己大脑的表现吗？想要更强的记忆力吗？我会与你分享最新的科学成果，帮助我们"更新"大脑，使其达到完美表现。

如何延长寿命？

不论你相信与否，只要能掌握正确的方法，我们能为自己增加至少10年的寿命。有一些非常具体的活动，如果能够坚持每天做到，就能延长你的预期寿命。不仅如此，它们还有助于提高我们的生活质量和身体机能，让我们活得更长久，更健康。前提是要掌握方法。

我写书是为了帮助普通人获得财富、成功和幸福。这些年来，我已经从读者那儿收到上万封信件、电子邮件和贺卡，还有许多社会媒体纷纷报道，感谢我帮助人们摆脱了贫穷或从中产跃升到富裕阶层，改善他们以及他们孩子的生活。所以，你将在这本书里学到的内容对你的孩子，甚至是孩子的孩子同样有帮助。你的子孙后代一定会感谢你从书中学到了这些成功的好习惯。

有一点必须说在前面：我不想误导你，成功并非易事。成功很艰难，而且要花费时间，坚持不懈。白手起家的富人们平均用了12年时间，才积累起自己的财富。但是，通过对富有的习惯的调查，我学到一件非常重要的事情：如果你养成了他们拥有的那些日常习惯，就等于在沿着他们的足迹前进，而且那条路只会通往一个地方——充满机遇、成就、财富、健康和幸福

序 言
PREFACE

的人生。

但是,只有那些为成功时刻准备着的人,才知道怎样利用中国日益增长的经济以及从中国经济取得的成就中获益。你会成为他们当中的一员吗?如果你正在读这本书,我想我已经知道答案了。我期待着在不久的将来听到你的好消息。

富有的习惯
RICH HABITS

目 录

Part1 富有的习惯

引领人们走上致富之路的日常习惯
分析致富方法，揭示致富秘籍

导　　言 ·· 002
第一章　保险推销员 ·· 005
第二章　秘　书 ··· 017
第三章　汽车经销商 ·· 024
第四章　会计师 ··· 033
第五章　富有的习惯养成方案 ·· 040
第六章　富有的习惯的实际运用——那位"元老级"客户 ········ 072
第七章　富有的习惯的实际运用——秘书 ························· 077
第八章　富有的习惯的实际运用——汽车经销商 ··············· 081
第九章　富有的习惯的实际运用——保险推销员 ··············· 083
纪念 J.C. 乔布斯 ·· 088

Part2 改变习惯，重塑人生

从白手起家到百万富翁，177个普通人的成功秘籍

导　言 ·· 092
第一章　认识习惯 ···································· 094
第二章　习惯的种类 ·································· 124
第三章　围绕梦想和目标培养习惯 ··············· 201
第四章　改变习惯 ···································· 209

后　记 ·· 233
富有的习惯跟进表 ···································· 235

RICH HABITS

Part1
富有的习惯

引领人们走上致富之路的日常习惯
分析致富方法，揭示致富秘籍

导 言

首先我想说一个事实：成功难以捉摸。为什么？为什么有钱人这么有钱？只有5%的美国人真正实现了财务成功，他们为何就能如此成功？没人知道答案。不幸的是，学校里也不教我们怎样"挣大钱"，我们这些难兄难弟只能通过一次又一次的试错，各自努力寻找答案。

我花了许多年时间，对富人的日常习惯进行了细致的调研，并以调研结果为基础，总结出一套简单易行的"富有的习惯养成方案"，用来帮助那些在追求个人和财务成功的路上辛苦跋涉的人。财富不仅仅是运气、教育、勤奋工作或遗产继承的结果。财务成功说简单也简单。这本书便为21世纪的人们描绘了一幅财务成功的蓝图。

我是一名注册公共会计师以及注册理财规划师，为超过1000家小企业和个人提供财务服务。之所以想到写这本书，是源自一位客户向我寻求建议。这位客户很苦恼，他的生意蒸蒸日上，却无法保持收支平衡，特别是在发工资的时候。他绝望透顶地问

Part1　富有的习惯

导　言

我："我到底哪里做错了？"我花了好几个月，对其公司的支出、生产流程、人工费率、行业比较数据进行了分析，甚至向一位与他同行业，与他的收入总额水平相当、员工构成也类似的"富有"客户请教，可是始终没能发现明显的问题。

几周以后，我与这位烦恼的客户约在午饭时间见面。我坦承自己无法为他的财务问题做出诊断。这位客户很不开心，我也不开心。我们默默无语地坐在桌前。为了打破这带有几分尴尬的沉默，我问他晚上回家后会做点什么。这位客户的态度马上有了变化，他的脸上出现了一个几乎算得上淘气的表情，他问我，"哪个晚上？"

"就说你最喜欢的一个晚上吧。"我建议道。

客户告诉我，那应该就是周三晚上。

"你周三晚上一般做些什么？"我继续问。

客户往前凑了凑，环视了餐馆一圈之后小声说道，"我会找几个女人，喝上几瓶酒，然后……"他的话说到一半便被我满脸的震惊给吓了回去。"对不起，"他说，"我不该跟你说这些的。我有时候真管不住自己的嘴。"

我向他保证，我是个信奉爱尔兰天主教的纽约人，家里有八个兄弟姐妹，所以什么都见识过了。我的震惊不是因为道德上的原因，而是因为我突然意识到，在过去几个月里，自己一直在

富有的习惯
RICH HABITS

问这位客户错误的问题。我恍然大悟，比起眼睛看得到的财务问题，还有许多深层的问题是我们看不到的。关键在于，我问的问题要正确。最后，我拟定了一份包含20个问题的问卷，在接下来的5年时间里，向每一位客户做了问卷调查——包括成功的客户和不那么成功的客户——另外还加上我认识的生意伙伴和熟人。

　　询问这些问题后，收集到许多数据，通过对这些数据的整理分析，我发现在富人和穷人的生活中隔着如同大峡谷一般巨大的鸿沟。不知不觉中，这位客户把我带上了一条揭示财务成功秘籍的道路。

第一章 保险推销员

"我真是受不了了！"菲尼克斯·阿普曼低着头喃喃自语，他的手里端着一个玻璃杯，里面的酒只剩一半。菲尼克斯用短粗而笨拙的手指捋了捋额头前的头发，烟灰缸里的烟逐渐燃烧殆尽。

"今天过得不好？"酒保靠在吧台上，一边仔细读着手中报纸上的体育专栏，一边心不在焉地问。看得出来，这酒保对他的遭遇并不感兴趣，不过是为了照顾顾客的情绪装装样子罢了。

菲尼克斯带着怒气闷哼了一声，皮笑肉不笑地说："今天过得不好？倒不如说这辈子都过得不好！"他一口闷了杯中剩下的啤酒，把空杯一滑交给酒保续杯，"昨晚我跟儿子说，我供不起他上大学了，真的没钱了，连布鲁克莱恩学校的学费都付不起。"

布鲁克莱恩是当地的一所社区大学，为了确保郊区居民的孩子上得起学，学费已经低得不像话了。所以一听他说连布鲁克莱恩的学费都付不起，酒保立即就对他家的贫困有了概念。酒保

富有的习惯
RICH HABITS

自己也曾艰难地在布鲁克莱恩读了两年书,花光了自己仅有的积蓄,还加上学校给的补贴,才勉强够。

"唉,连上布鲁克莱恩的钱都不够吗?"他问道。

"不够。"菲尼克斯回答道。他又点起一支烟,猛吸了一口,闭上双眼,仿佛要把烟憋在身体里似的。

"这杯算我的。"酒保重新接了一品脱啤酒,一边放在他面前,一边仔细打量着眼前这个走投无路的男人。尽管菲尼克斯比酒保年纪要轻,但从外貌上看不出来。他的发际线后退得有些过分,腰身也日渐臃肿,双眼间的细纹和额头上的抬头纹更是给他的脸平添了几分沧桑,看上去就是一个极其普通的中年男人。菲尼克斯的衬衣袖子卷到小臂的一半,上面还沾着许多蓝黑色的墨点。

"你是干什么的?"酒保问。

"卖保险的,"他脱口而出,似乎又想改口,"我是说,我已经很努力地推销了,但赚的钱还是只够糊口,更别提供孩子上大学了。"菲尼克斯用拇指和食指捏着一粒花生,双眼放空,看着酒吧的某处。他一言不发地静坐了一会,两根手指慢慢地搓揉着那颗花生,眼睛连眨都不眨一下。"我是怎么沦落到这步田地的?"他轻声问自己。

酒保转过头去继续读报纸,菲尼克斯放下了那粒花生,握住

Part1　富有的习惯

第一章　保险推销员

冰冷的啤酒杯,把杯子凑到嘴边,将里面的酒一饮而尽。"知道吗?就算我死了也没什么用,那么一丁点保险金根本不值得我去死。"他又把杯子往前一送,示意酒保再来一杯。"我就是个小销售员而已。"他叹了口气说道,又用手轻捏鼻梁,再次闭上双眼,揉了揉脸。

"你开车了吗?"酒保问他。

"我就住在附近,几个街区外,没事的。"

"那可不一定啊,你在这儿坐了挺久了。"

菲尼克斯抬起头,用乞求的目光看着酒保,他自己也知道酒保不想让自己待下去了,但他昨晚对儿子说了那样的话,今天要怎么回去面对他呢?明摆着的,酒保不会再让他喝了。菲尼克斯自己也有所察觉,于是掏出些钱,放在桌上,推开凳子站了起来。他套上外套,戴上帽子,压低了帽檐,一言不发地从吧台走向了出口。

酒吧外一片漆黑,呼出来的白气清晰可见。十二月的云是如此浓密,把天上的星光遮得严严实实的。菲尼克斯摸黑走到了自己的小面包车前,将手伸进衣兜里摸索车钥匙。他打开车门,坐到车上,才发现车里并没有比外头暖和多少,他觉得手指都冻得麻木了。他点燃了身上的最后一支香烟,靠着椅背等着汽车引擎热起来。

富有的习惯
RICH HABITS

菲尼克斯扬起了头,对自己的霉运唉声叹气。他深吸了一口烟,闭上双眼,吐出的烟雾不断在他头顶盘旋,仿佛一条灰色的缎带,渐渐地又像云朵一般汇集到车顶。菲尼克斯睁开了双眼,看着一丝丝烟雾从过滤嘴中飘出。他慢慢地摇着头,盘算着孩子会不会搭理自己,如果搭理自己的话,要跟孩子说什么才好。就在这时候,有个人突然在驾驶座旁的车窗上敲了一下,把菲尼克斯吓了一跳,连手中的烟也掉到了脚垫上。

"天呐!"他惊魂未定,低头找着那支还没熄灭的烟头。他把烟头捡起来掐灭,放到烟灰缸里,这才缓缓把车窗摇下来。"怎么了?有什么事吗?"他没好气地说,眼睛直勾勾地盯着这个打断自己思绪的不速之客。

"我正想问你有没有事呢。"那陌生人说。

"不好意思,"菲尼克斯仔细地看了眼窗外的人,"我们认识吗?"

"我叫钱普·戴利。"那陌生人边说边把戴着手套的手伸了出来,菲尼克斯隔着那柔软的黑皮手套和他很不情愿地握了握手,便马上收了回来。

"你叫?"钱普·戴利问道。

"菲尼克斯·阿普曼。"

"你好,阿普曼先生。在酒吧里我不小心听到了你说的话,

Part1　富有的习惯
第一章　保险推销员

对你的遭遇感到很惋惜。"

菲尼克斯竟不知该做何反应。当酒保假装关心他时，他想要的不过是一点点同情，但此时此刻，来自这个陌生人的同情却让他觉得自己更可悲了。菲尼克斯回过神来，挥挥手以示对陌生人的话有所反应，然后摇摇头，定睛望着前方。

"我想请你周一来我办公室坐坐，"钱普接着说，"我可以给你一点帮助。"他说罢便从口袋里掏出一张名片，递上前去。菲尼克斯接过名片，将信将疑地看了起来。

"帮助我？你都不认识我啊。"

"只管来，保你大吃一惊。"钱普面带笑意地回答他。

"你该不会是放高利贷的吧？我是不会掺和这些事的，我的烦心事已经够多了。"菲尼克斯说。

"不是，阿普曼先生，"钱普微微一笑，接着说，"我只是从你身上看到了年轻时候的自己。"话音刚落，他便转身离开了停车场，一边走，一边头也不回地叮嘱道："记得啊，周一中午12点！"

菲尼克斯的目光一直追随后视镜里钱普先生的身影，一直目送着他坐进车里，驱车离开停车场。钱普走后，他才发现自己正盯着镜子里的自己。"年轻时候的自己？"他一边研究着自己的脸，一边自言自语。他低头看着那张还拿在手里的名片。"反正

富有的习惯
RICH HABITS

也没什么好失去的。"菲尼克斯把名片收入钱包里,动身回家。

周一的早上,菲尼克斯一边洗澡、穿衣、为上班做准备,一边却是抵制不住地忐忑不安。他脑子里想的尽是那晚奇怪的遭遇,以及与那个叫钱普的家伙即将到来的会面。菲尼克斯早已对生活不抱希望,但是那天中午,他还是被好奇心驱使着来到宽街,朝着那张名片上的地址走去。门牌数字在逐渐递增,街边的建筑物也越发地华丽而壮观。最终,他在宽街和第一大道的交汇处,在一栋极为宏伟的建筑前停了下来。菲尼克斯抬头仰望这建筑,感到几分眩晕。他再次检查名片上的地址,确认自己没来错地方:宽街700号。他叹了口气,试图站在大街上数清楚这栋大楼的层数,却只是白费力气而已。

"有什么需要帮忙的吗?"门童打断了他的计数,彬彬有礼地问道。

"我与钱普·戴利约了见面。"

"好的,先生。"门童一边回答,一边推动高高的玻璃旋转门,将菲尼克斯迎了进去。"乘坐左边那组电梯,标有20~35层的那组。戴利先生的办公室在21层,出电梯后右转。"

菲尼克斯点点头,看着人来人往的大堂,有些愣神。他找到正确的电梯,走了进去,摁下了楼层键。他忍不住地想:这到底是怎么回事?

Part1 富有的习惯
第一章 保险推销员

电梯门一打开,正对着一个富丽堂皇的接待区。菲尼克斯惊呆了,光是这个前台就比他公司整个销售部门的面积还要大。他在走出电梯前踌躇了一阵,再次检查楼层数字,确保自己没走错。

菲尼克斯刚走出电梯,钱普·戴利便迎了上来。"阿普曼先生,你能来我太高兴了。找到这儿不算麻烦吧?"

"嗯……嗯,不麻烦,"菲尼克斯答道,"我希望,嗯,希望没有打扰到你。如果你很忙,我可以回头再来。这地方看起来很忙的样子。"

"不,我正在等你,阿普曼先生。请随我来。"钱普带着他走过前台,穿过了一道短短的走廊,然后打开一扇门。站在门口的菲尼克斯被惊得目瞪口呆:里面是一间相当高档的办公室,木地板和橡木装饰的墙壁为幽深宽阔的空间提供了几分暖意,而数不胜数的画作又为其增添了丰富的色彩。菲尼克斯不得不承认,自己还从没见过这样有品位的办公室。

他仔细端详了一眼钱普。他很瘦,满头银灰色的头发,个子似乎比菲尼克斯印象中的样子更高,整个人一副随意而放松的样子,浑身散发着一种温厚的气质。他那双柔和的蓝眼睛显得尤为亲切,叫菲尼克斯略微自在了一些。

"真高兴你能来。"钱普说着便请菲尼克斯在办公桌前的一把空椅子上坐下。

"那晚的事我很抱歉。我想……我,嗯,我只是,你知道的……"

"你不用感到抱歉。"钱普打断了他的话,理解地点了点头,然后坐在那儿,盯着对面这个男人陷入了沉思。菲尼克斯也没有说话,只是在椅子上紧张地挪了挪了身子。他被这房间的装潢分了心,总是忍不住去看四周的画作和奢侈的装饰。

"我曾经和你一样处境艰难,"钱普终于开口了,他往前轻微地靠了靠,"我曾经处于无比的黑暗和绝望之中。"

菲尼克斯满脸疑惑地朝桌子对面的人看去。"绝望?看看这个地方,我觉得你跟绝望这种东西根本就不沾边。"

钱普顿了顿,微微一笑,"你说的是现在的我,可是就在不久前,事情还是一团糟。没有希望,没有方向,生活中的一切似乎都抛弃了我,差一点连家也没有了。你一定想说我的进步真够大的。"钱普闭上眼睛,褪去了脸上的笑容,"那天晚上在酒吧听到你说的话,很多痛苦的记忆又卷土重来了。"

菲尼克斯再次在椅子上挪了挪身体,他感到自己仿佛不小心撞见了对方的隐私。不过钱普似乎并没有留意到他的不安。菲尼克斯清了清嗓子,又清了清嗓子。

"说来挺有意思,昨晚我竟然会去那家酒吧,我以前从来

Part1 富有的习惯
第一章 保险推销员

没去过。我一直想不明白，为什么我们两个的轨迹会在那个晚上产生交点？是什么让我在那个特别的夜晚，走进那家特别的酒吧呢？"钱普似乎又跑题了，"我能得出的唯一的结论就是，冥冥之中有股力量要我去那儿，去那儿遇见你。"

菲尼克斯盯着钱普，仔细琢磨着他的话，"比如什么力量呢？命运？"

"命运，没错。"

"为什么？我哪有这么重要，重要到命运要让我们相遇？为什么是我？"

钱普的脸上绽放出了笑容，他坐直了身体，睁大双眼，仿佛要与人分享一个守护了很久的秘密。"我想，命运希望我把你拉出深渊。我现在能确定了，你就是那个机会。没错，我很肯定，你就是命运赐给我的机会。很久以前，那时候我还是一副潦倒的模样，有人帮助了我，现在我终于有机会把这份善意传播出去了。"

"我还是不明白。"菲尼克斯答道。

"是这样的，几年前有人告诉我，我可能会受到召唤，去帮助一个需要帮助的人，而且当我看到他时，会感觉仿佛看到从前的自己。当时的我完全是一头雾水，但是后来你出现了，答案终于水落石出。那天晚上，一听到你说的话，我就认出你就是我注定要帮助的人。"

"你从哪儿听到这些事的？你又怎么知道上哪儿去找我？"

"他吩咐我这么做的。"钱普说。

"谁？"

"我的导师，我的顾问，那个彻底拯救了我的人生的人。"

"谁？"菲尼克斯追问道。

"J.C.乔布斯。"

钱普讲述了这个叫J.C.乔布斯的人是怎样帮助自己、帮助许多像自己这样的人实现人生逆转的过程。

"他能让我们获得连做梦也不敢想象的成功。"菲尼克斯听得聚精会神，把每个字眼都听到了心里。

"J.C.乔布斯教给我10条法则，他管它们叫'富有的习惯'。他告诉我要按这些法则生活30天，然后回来见他。他对我承诺，只要按照这10条法则去做，情况一定会好起来。那个时候的我已经跌到了人生的谷底，所以我严格按照他所说的做了，并且在30天之后回去见他。"钱普停下话头，挺了挺胸膛。

"然后……？"菲尼克斯提示他继续往下说。

"接下来的事你都知道了。你在这里看到的一切，都是我每天践行富有的习惯的结果。这些法则完全改变了我的生活。"

"所以你现在要把这套法则教给我？"菲尼克斯问道，他的表情和声音中都透出了无法抑制的兴奋。

"不。"钱普回答。他靠在自己椅背上,跷起了二郎腿,双眼直直地看着菲尼克斯。

"什么?那我来这儿干什么?"菲尼克斯皱起眉头,眯缝起双眼。他的心中渐渐滋生出了怀疑,怀疑这个钱普一直在浪费自己的时间。菲尼克斯想要马上站起来,头也不回,大踏步走出这间宽敞的办公室。但是不知为什么,他依旧牢牢地坐在椅子上。

"这些法则是经过提炼的,它们背后还有一套更加复杂的课程。J.C.创建了被他称之为"富有的习惯养成方案"的课程,他和他的团队为像你这样的人提供培训,教你们怎样遵照富有的习惯去生活。而我呢,只要遇到一个符合J.C.要求的人,我的责任就完成了。"钱普伸手到桌子对面拿过一支钢笔,在一张纸上草草写下一个电话号码。

"打这个电话就可以联系J.C.的办公室。明天一早第一件事就打这个电话。"

"我说什么来着?这个训练项目多少钱?"菲尼克斯问道。

"如果有人赞助的话,课程是免费的。只要告诉J.C.办公室的人,说钱普先生是你的赞助人就行了。他们会帮助你的,阿普曼先生。关于这一点,我相当肯定。"

话音刚落,钱普就站起身,抚平了外套上的褶皱,朝门口走去。菲尼克斯缓缓站起身，并不情愿这就离开。他的手里抓着那张写着J.C.办公室电话号码的纸。他忍不住想，这栋楼里最有价值的就属自己手里这张纸了。

第二天早上，菲尼克斯按照钱普所说的去做了。他一上班就拨了那个电话号码，一个女人的声音在电话那头响起来。

"你好，我是菲尼克斯·阿普曼，我想找J.C.乔布斯。是钱普·戴利要我打给他的。"

"请问您找乔布斯先生有何贵干？"女人问。

"钱普·戴利告诉我，就说我是由他资助的。"

"好的，阿普曼先生。"女人答道。她记下了菲尼克斯的联系方式，表示会把消息转达给乔布斯先生，然后便挂断了电话。几分钟之后，这个女人给菲尼克斯打来电话，表示为他做好了参加下一次富有的习惯训练课程的安排。

第二章 秘 书

"我该拿她怎么办？"约翰·安德鲁斯是位于新泽西北部的一家锯片经销商，阳光锯片公司的首席执行官，他刚刚接到行政经理尼娜的通知，说迪伊打来电话说她今天会迟到，这个月她已经迟到两次了。对于阳光锯片公司来说，早晨的时间尤为宝贵，特别是对于迪伊而言。她的工作内容中，有一项是每天早上花1小时，给现有客户和潜在客户打电话。这家公司早在多年前就形成了这样一个传统，而且在不断执行的过程中，的确对于销售起到不小的促进作用。迪伊迟到就意味着这个环节无法执行，也就意味着这周的销售额会受到影响。

"约翰，你总是对迪伊放宽规则，她则一而再，再而三地违反规则，就是想看看你到底能通融到什么程度。我去年就劝你解雇她，你为什么不行动？"迪伊的频频迟到和特权意识已经让尼娜彻底丧失了耐心。尼娜想解雇迪伊，但是约翰下不了决心。

"我在她身上看到了巨大的潜力，尼娜。她只要改掉那些根深蒂固的坏习惯，就会变得非常出色，相信我。"

富有的习惯
RICH HABITS

迪伊在这家公司做秘书。在过去的两年里,她拿到的薪水很少,主要就是因为她的"坏习惯"——约翰这样称呼她种种出格的表现。迪伊是个24岁的年轻女孩,体重有些超标,几乎到了影响健康的程度。她长得很漂亮,笑容很灿烂,在许多同事心目中,她是一个努力工作、一丝不苟并且守时的员工。可是,还是这群同事,有时候却把她描述成一个懒惰、粗心又拖拉的人。有时人们也会从迪伊身上看到灵气、良好的工作素养和成功的迹象,但是好景不长,她最终总会回到拖拖拉拉和心不在焉的状态中。大家都怀疑迪伊的问题是出在她的家庭——那不过是一个给她提供一日三餐的庇护所。而且,迪伊越来越胖,身体也频频出现不适,三天两头地生病。

"坏习惯的恶性循环。"迪伊迟到几次之后,约翰找她谈过几次,在其中一次谈话中提出了这样的告诫。

迪伊是她们那一家子人的顶梁柱。虽然只能挣一点微薄的薪水,家人还是把她当成了提款机。约翰想让迪伊看清楚真相,希望她明白,那些满身坏习惯、连稳定的薪水也赚不来的家人是如何拖累她的。不幸的是,迪伊从来没有把约翰的建议听进去。约翰知道,一旦谈到家人,迪伊就会变得十分脆弱。而她的家人正是利用这一点,不择手段地压榨着她。迪伊的不稳定感更是让事情雪上加霜。她经常这样对办公室里的人这么说,"我不算聪明,

Part1　富有的习惯

第二章　秘　书

我表姐才是我们家最聪明的人。她吃主餐，我吃她剩下的。"

"她的表姐？"约翰朝尼娜哀叹，"带着两个未婚而生的孩子和她住在一起，两年多都没工作的聪明人？天啊！"

"我得和你谈些私事。"迪伊又一次找到了约翰。

约翰已经厌倦了与迪伊之间一次又一次而且越来越频繁的谈话。

"我又找了份酒保的工作，所以每个周五都要早退。"迪伊说。

从迪伊的表情中，约翰看得出来，她和自己一样害怕和厌倦这样的谈话。"早多久，迪伊？"他用一种明显不耐烦的语气问。

"下午4点我就得走。"

公司规定的下班时间是下午5点30分。约翰知道，如果答应迪伊，就会对其他员工造成很大的困扰。大家会愤愤不平，认为约翰又为了迎合迪伊的要求而不惜破坏规矩。公司的规矩对迪伊简直就是形同虚设。约翰担心自己会向大家传送错误的讯息，所以他必须要求迪伊也做出一些让步。

"我答应你，但是我有两个条件。"

"什么条件？"迪伊不安地问。

"第一个条件就是你必须在周四把早退的工作时间补回来。"有些员工会在周四加班，为下周的订单完成收尾，约翰觉得只要迪伊能在周四加班，大家就会明白，她并没有享受任何特殊照顾。

富有的习惯
RICH HABITS

"第二个条件是,如果你没做到第一条,三次违规之后我将别无选择,只能终止你的工作。"

尽管非常不情愿,迪伊还是接受了这些条件。她能有什么选择呢?她必须赚更多的钱。迪伊从约翰的办公室离开,随着日子一天天过去,她对老板的积怨越来越深。她觉得约翰对自己过于苛刻,故意挑自己的刺。她觉得老板应该给自己一个机会,自己已经有那么多工作要做,老板不该用这个协议来逼迫她。

尽管如此,在一段时间内,迪伊还是遵守着自己的老板达成的协议。其他员工似乎对这样的安排也还算满意,并没有惹出什么乱子。

可是,几周之后,迪伊在周四的工作时间上动起手脚来了。尼娜首先注意到她的小动作,随后便通知了约翰。

在一个周五的早上,约翰找到了迪伊,"这是第一次,迪伊。你昨天提前走了。"

迪伊很生气。她知道约翰很忙,根本不可能发现她早退,一定是尼娜把她告发了。迪伊很不情愿地在周四加了几次班,然后又犯了老毛病。

"第二次了,迪伊。"在迪伊又一次违反规定之后的那个周五,约翰对她说。没过多久,第三次就来了。于是,又是一个周五,迪伊发现自己失业了。

Part1　富有的习惯
第二章　秘　书

　　距离迪伊被开除已经过去了两周，她的家人已经彻底抛弃了她，没有一个人过问她的生活，更没有人朝她伸出援手。迪伊的钱花光了，甚至连一顿饭都吃不起。有天晚上，与饥饿搏斗多日的迪伊彻底败下阵来，决定到圣迈克尔的免费厨房去吃顿热饭。等她真的来到厨房附近，却无论如何也无法说服自己加入到等待接受救济的队伍里去。她绝望地在那个街区里兜着圈子，努力积攒着勇气，劝说自己放下自尊心，去排队领饭吃。

　　简·古德一直关注着迪伊。他是一名志愿者，负责管理厨房外的队伍，引导队列里的人往前移动，将饥肠辘辘的人带到免费厨房里去吃顿热饭。当迪伊第四次从门口经过的时候，简开始注意到她，而且一眼就看出了她的窘迫。简请另一名志愿者顶一下自己的位置，然后朝坐在路缘石上，双手捂着脸抽泣的迪伊走了过去。

　　"你饿吗？"简问她。

　　"什么？"迪伊喃喃地问。

　　"我在免费厨房做志愿者，注意到你在这儿走了快两个小时了。为什么不进来吃些东西？"

　　"我做不到，"迪伊双手捂住脸哭了起来，"我做不到。我……我觉得太丢脸了。"迪伊的情绪彻底失控，失声大哭，连身体也跟着一同晃动起来。

富有的习惯
RICH HABITS

过了一会，迪伊收拾好自己的情绪，抬头向简看去。"我没想到自己会落到这种地步。全是我自己的错，你知道吗？我自作自受，执迷不悟。我本来在一家很好的公司，有份很好的工作，还有个很不错的老板，可是全被我搞砸了。"说到这里，迪伊又一次忍不住哭起来。然后她再次调整好自己。

"我的老板一直想让我看清楚事情的真相，可我偏偏没听他的。我真是个窝囊废。"听着迪伊的诉说，看着她眼下的境况，简只觉得百感交集。这一切听起来太熟悉了，往日记忆重新浮上简的心头，他还以为那段记忆早已经被自己彻底抹去了。简道了歉，回到了厨房。没过多久，他又出现了，还带来了一份食物给迪伊。

"我叫古德，我理解你现在的遭遇，而且也许能帮上忙。"简一边说，一边把食物递给迪伊。

"帮我？你负责帮人找工作吗？"

"不是，"简顿了顿，将多年前那个陌生人对他讲过的话复述了一遍，"我只是仿佛看到了从前的自己。明晚打烊后你到免费厨房来一趟。"

那一晚，迪伊是在一家庇护所的床上度过的。她一直在思索简说的话——"仿佛看到了从前的自己"。她问自己，这是什么意思？这些字句一直在她的脑海里回荡，直到睡意袭来。

第二天晚上，迪伊与简见面了。简把自己的经历告诉了她。"很久以前，我在与你类似的情况下失去了工作。就在绝望的时候，一个陌生人拯救了我，帮助我实现了人生的逆转。"

"他怎么帮你实现逆转的？"迪伊用恳求的口吻问道。简坐在椅子上晃了晃身体，深吸了一口气。

"这个人告诉了我十条法则，从此改变了我的生活。我从一个无业游民变成了现在的首席执行官。他把它们称为"富有的习惯"，要按照这些法则生活并不容易，不过我最终还是做到了。正是在它们的引领下，才在10年后成就了今天的我。"

"这些富有的习惯到底是什么？"迪伊问，她更急迫了，但语气里还是透着诚恳。

"直接告诉你是没用的，迪伊。你得去上培训课程才行。如果有人赞助，你一分钱都不用花。这个培训项目会把你需要知道的一切都教给你，能帮助你改变人生。"简伸手到口袋里拿出一支钢笔和一张纸，写下了一个电话号码交给迪伊。"他的名字叫J.C.乔布斯。明早给他的办公室打电话，告诉他们你的资助人是简·古德。"

迪伊听从了简的建议。一通电话后，她获得了参加下一次富有的习惯培训课程的名额。

第三章　汽车经销商

赫布·赖泽惊呆了。他刚刚挂断银行打来的电话，延长车行库存贷款的计划看来是彻底泡汤了。银行的人告诉他，为了减轻损失，他们打算按照与赫布签订的贷款协议行使银行的权利，收回他为随后的大甩卖做准备的库存车辆。对于赫布而言，这意味着破产，也意味着车行的彻底崩溃，更糟糕的是，他的家庭也难免受到牵连。

那天晚上，开车回家的赫布觉得分外孤独。就在店外的灯光下，他闭上双眼，无力地仰着头。"我是怎么走到这个地步的？"这些字眼在车厢里打着转，"我该怎么对妻子说？"

一想到要把坏消息告诉家人，赫布就觉得痛苦万分。他们有年幼的孩子要抚养，有一大笔贷款和许多账单要付。他的员工也有各自的财务负担，他们当中很多人放弃了好工作，冒险选择了为赫布的公司服务，最后却落得这样的结果。一辆汽车在赫布身后的某个地方按响了喇叭，他睁开眼睛，正好看到前方的绿色灯光。

Part1 富有的习惯
第三章 汽车经销商

朝左边看去,在赫布车行的斜对面,那个灯火通明的地方,是另一家大型汽车经销商的店面。这家车行生意非常红火。他们的车辆库存每个月都要翻番,而赫布自己的库存车辆却落满灰尘,在空气中渐渐失去光泽。"他的做法和我的有什么不同?"赫布希望上天能给自己一个答案,可是没有得到任何回应。

赫布在汽车销售行业已经摸爬滚打了20年。不论在哪一家车行,他都是最出色的推销员,总是把别的推销员远远地甩在后面。他对销售实在是太在行了。赫布什么都卖得出去。他自己也知道这一点,还经常向同事吹嘘:"我能把冰块卖给爱斯基摩人。"他的事业很成功,福利滚滚而来,比如丰厚的奖金、免费的度假机会、劳力士手表和许许多多其他的奖励。

赫布把车开到他家所在的那条街上,这是一条安静的林荫道,背靠着一个小水湾。一栋栋整洁的房子矗立在路边,车道边排列着花坛,家家户户都有郁郁葱葱的草坪,被修剪得整整齐齐的,把房子框在中间。他在自家房前的路上停好车。厨房和客厅都亮着灯,家人应该都在,妻子大概在洗水槽里的碗盘,孩子们要么看电视,要么做家庭作业,要么在玩耍。他无法对他们开口。他怎么能破坏他们心目中温馨的家,破坏他们的安全感呢?大家都期待着他走进家门,吃着热好的晚饭,与他们一起谈天说地，以往的许多个夜晚，他们都是这样度过的。但是赫布知道，这个家即将发生翻天覆地的变化。

几年前，在全美汽车经销商协会的一次会议上，赫布在史坦顿岛认识的一个车商找到了他。聊天的时候，那车商对赫布说，他每个月都要到赶到位于罗德岛的三菱车经销店，去过目月末的账本，同时制定下个月的预算。他说他已经厌倦了这种生活，想找个买家买下自己的店。赫布急切地抓住了这个机会。他一直梦想着拥有自己的店面，用自己认为正确的方式经营"自己"的车行，他要亲自制定规则，为自己挣钱。他抱着跻身于大人物之列的勃勃雄心，把这次机会当作长期以来等待的一次突破。

经营新车行的前几个月生意很平淡，但这并没能动摇赫布的决心。他认为销售业绩不佳主要是因为这家店刚换了主人，生意应该很快就会有起色的。他甚至挽起袖子，亲自向自己的销售团队展示专业人士是怎么干销售的。后来数字确实攀升了那么一点点，但是远不如赫布期待的那样好。一天又一天，一个月又一个月，他继续每天卖着车，但是销售的形势不容乐观。

对赫布而言，扮演店主这个角色有些难度。现金流的问题逐渐占去了更多的时间，他发现自己越来越频繁地到银行去申请新贷款，或是交涉库存贷款的问题。他在银行的办公室待着的时间比在自己车行的展示间里的时间还要多。与此同时，现金流的问题也越来越严重了。赫布仍然是个相当优秀的销售员，尽管业绩不如早年间为别的车行工作时那么辉煌。可是，既要做好管理，又要兼顾销售，他实在有些应付不过来。

赫布下了车，走进了凉气沁人的夜里。他活动了一下紧紧包裹在皮手套里的手指，月光照在手腕处的劳力士表上，这是他得到的奖励之一，当时他在受雇的那家车行里创造了当年的销售记录。如今，他站在自家的门廊上，感觉自己像个侵略者，一个即将毁灭这个家庭的恶人。他做不到，至少眼下还不行。于是，赫布在门廊上那把老旧的柳条摇椅上坐下来，收拾自己的思绪。他还没准备好。

赫布绝不是汽车销售行业的新手。在他看来，经营车行的核心只有一件事：销售。客人就在那里，等着你来征服。"不惜一切代价克服阻碍，"他经常这样告诫其他销售员，"如果客人没有下定决心，我们就替他们下定决心。这就是我们的工作。"

在他工作的最后那家车行里，经常有客人向老板投诉，说赫布对待他们很粗鲁，每当这时，老板就会很不高兴地找赫布谈话。他知道赫布特别善于卖车——只消看一眼销售业绩就知道——但问题在于，赫布缺乏长远的眼光。

有一次，一位客户觉得赫布盛气凌人的销售方式伤害了自己

富有的习惯
RICH HABITS

的尊严，事后老板在私下里对赫布说了这样一番话："赫布，我们并不仅仅对销售感兴趣。我们想要更多的终身客户，而且希望他们的孩子，甚至孩子的孩子，也成为我们的客户。我的车行竭尽全力为客户提供他们想要的产品和他们期待的优质服务，他们要是不成为回头客，我们就完蛋了。你是我认识的销售员里最厉害的，可是有时候你过于关注销售，却忘了一件事：想要挣钱，并不是把车卖出去就万事大吉了，还有很多的事情要做。"

赫布将手搭在了前门的把手上。他的手指抓住了旋钮，门里传来了孩子们在楼上的喊闹声、欢笑声和脚步声。他闭上眼睛，让欢笑声灌满自己的耳朵，又将前额抵在门上。他抽了抽鼻子，在夜晚寒冷的空气里，鼻尖感到一阵刺痛，然后他使劲一推，打开了前门。

"赫布？"妻子在厨房里喊他，"你今晚回来晚了。我给你留了晚餐。"

赫布脱下大衣，把它挂在门厅，仔细地把手套收在口袋里。他有些不太情愿地踱进厨房，在桌边的一把椅子里一屁股坐了下来。妻子正在帮他准备晚餐，但是他并不饿。

"你还好吗？"妻子问，她注意到了赫布的异样。一般情况下，他回到家的时候总是一副兴致高昂的样子。度过一个漫长的

Part1　富有的习惯

第三章　汽车经销商

工作日之后,他很高兴和家人们在一起。

"我有事要告诉你。"赫布说。他必须赶快把这件事做个了结。赫布深吸了一口气,把事情全盘托出。

"我们该做些什么?"他的妻子问。听完了赫布的话,她踉踉跄跄地撞在了厨房的操作台上。她一脸茫然地盯着遥远的某个地方,赫布真不忍心看着她这副模样。

"我们怎么还贷款?"妻子小声说,更像是问自己,而不是问丈夫。她哭了起来,赫布也心碎不已。孩子们在楼上的卧室里跺着脚,他们活蹦乱跳,生气勃勃,楼下的厨房里却是一片愁云惨雾。

第二天早上,赫布好不容易才把自己从床上拉了起来。他看着镜子里的自己刮胡子、刷牙、拿起梳子梳头发,感觉似乎在看着一个十万八千里之外的陌生人。他来到了车行,没多久员工们就感到有什么不对劲。这一天的大部分时间里,赫布都在办公室里闭门不出,也不与任何人交谈。他在绞尽脑汁地想解决麻烦的办法,可是最后全都以失望告终。他给银行打了无数个电话,要么没人接,要么没人打回来。

整整一天,店里都很安静,只有寥寥无几的几位客人在展示间逛了逛。因为没有生意,所以售后服务部的员工早早就下班了。等到员工们几乎全部离开,赫布才从楼上的办公室里走下来，开始每晚最后的关店程序。

就在赫布从接待处走向展示间，打算给展示间落锁的时候，一个50多岁模样的女人从门口走了进来。看到她站在接待处的桌前，赫布有点惊讶。

"有什么可以帮忙的吗？"他闷闷不乐地问道。

"我想给女儿买辆车，她下个月就要从布朗大学毕业了，我想给她一个惊喜……"女人滔滔不绝地说，"你这里有敞篷车吗？"

在那一瞬间，赫布身体里藏着的那个销售员开始蠢蠢欲动了。但是最终他压下了冲动说道："对不起。我没法帮你。"

"那么，SUV怎么样？不是敞篷车也没关系。"

赫布瞪着这个女人，感觉自己有些犹豫，"我的意思是，我什么车都不能卖给你，因为我们提供不了售后服务。"

"我不明白。"

赫布艰难地咽下一口唾沫，说道，"恐怕过了这个月之后，我们就不做这一行了。"赫布的目光惭愧地从女人的脸上落到了地面，"所以，将来我们无法为你女儿的车提供服务或是任何后续支持。我很抱歉。我帮不了你，帮不了任何人。"

他试着带领那女人朝门口走去，但她没有动。"等等，"她说着朝他走近了一步，满脸都是同情，"告诉我发生了什么？"

Part1　富有的习惯

第三章　汽车经销商

赫布看着她，被她的要求惊呆了。他想了想，事已至此，也没什么好失去的。告诉她又能怎么样呢？他对自己说。于是，赫布在附近的桌边给女人拿了一把椅子，把整个故事的来龙去脉细细说了一遍。他没有隐瞒任何细节，对自己的失败坦诚至极。赫布不知道的是，他的破产经历听在那个女人的耳朵里，感觉特别熟悉，因为她也经历过破产，不过那是很久很久以前的事了。

"请问尊姓大名？"听完赫布的讲述，女人问道。

"赫布·赖泽。"他摇摇头，伸出了手，感到有些尴尬。他已经对这个女人倾诉了自己的悲情遭遇，却还没互相做自我介绍。

"我是苏珊·钱格，"她答道，坚定地握住了赫布的手，"我打算帮助你。"

"你想帮我？"赫布难以置信地问，"为什么？"

苏珊把多年前别人对自己说的那番话重复了一遍："我只是仿佛看到了从前的自己。"然后，她开始讲述自己的失败，以及从一个叫作J.C.乔布斯的人那里得到的帮助，"这是J.C.办公室的电话，我希望你明早打给他们。告诉他们我是你的资助人，这样你就可以免费参加下一期的培训课程了。"

他们再次握手，然后道别。当苏珊走出车行的大门时，赫布正看着手中的电话号码。这个J.C.乔布斯究竟何许人也?他闭上眼睛想了想:我当然希望他能够创造奇迹,因为我的确需要一个奇迹。他仍旧闭着眼睛,双手下意识紧紧握住了写着J.C.乔布斯电话号码的那张字条。他的样子仿佛在祈祷。

第四章　会计师

他把最后一朵玫瑰扔在下方的棺木上，眼泪顺着脸颊缓缓流下。他是最后一个扔玫瑰花的人，所以这个举动意味着葬礼就此结束。前来吊唁的人群纷纷散去，只剩下会计师带着三个年幼的孩子站在丹妮斯的棺木前，茫然地盯着敞开的坟墓。他不愿意相信丹妮斯已经不在了。

"这叫宫颈上皮内瘤样病变①，"丹妮斯说。她坐在餐桌前，给他倒了一杯刚泡好的咖啡。咖啡冒着热气，放在两个人中间，没有人碰它。"医生建议我做一下手术。"

"手术？"他紧张地瞪着她。阳光从百叶窗的缝隙里透进来，照在桌上，形成了一道又一道宽宽的光束。窗外是无云的蓝色天空，铺开在整个后院的上空。突然，他觉得自己仿佛正从那片天空坠落，不停地坠落。丹妮斯看起来很平静，就像只是与他讨论该去超市买些什么。她从来没有惊慌失措的时候。即使面对

---

① 这是一组与宫颈浸润癌密切相关的癌前期病变的统称。

富有的习惯
RICH HABITS

疾病这样严重的问题，她也有办法用放松和平静的态度来面对。丹妮斯一直是一个务实而理性的人，她把控着两人之间的关系。她可从不像他一样容易激动。

"我问手术是否绝对必要，医生好像有些犹豫。"丹妮斯的左手在空气中做出带些蔑视意味的动作，"他说我不需要马上手术，但是如果放任自流的话，危险肯定是有的。"她随意地用一只手托住下巴，就像在回忆最近的一次假期，或是谈论邻居家的新厨房。她沉稳得叫他吃惊。

"去做手术，丹妮斯，我求你。"

"哦，还是'求'你自己吧。你知道的，我们付不起手术费。我们的保险不值钱，免赔额[①]太高了。"

"如果你需要做手术，就必须去做。"他苦苦哀求道。他用手捂住嘴，摇摇头，想从脑子里把丹妮斯生病的样子给赶出去。他强迫自己只看着她现在的样子。她还是属于他的那个丹妮斯，那个在20年前与自己缔结婚姻的女人。尽管现在有些发胖，但她的眼睛里总是透着淡淡的微笑，总是一副生机勃勃、精力充沛的样子。她不会生病的，疾病不会找上丹妮斯。

"我们现在负担不起手术费，而且我要是不去工作，也肯定

---

① 免赔额是免赔的额度。指由保险人和被保险人事先约定，损失额在规定数额之内，被保险人自行承担损失，保险人不负责赔偿的额度。

Part1 富有的习惯

第四章 会计师

负担不起生活费。"丹妮斯分析道,"反正我们现在拿不出5000美元。手术只能先等着。"

他的手无力地垂在桌面上,他的嗓子里憋出了一声疲惫不堪的低吼。丹妮斯的手指爬上了桌面,盖住了他的手,那样温暖和柔软。她紧紧握住他的手,努力向他保证:"等到下一个报税季结束之后就好了,那时候我们就有钱了。"她微笑着说。

大概3个月之后,会计师正处于报税季的重要关头,这是美国的会计师们每年必须经历的"人间炼狱"。丹妮斯的情况恶化了,但是她选择不去打扰自己的丈夫,因为他正在没日没夜地加班。她知道他有几百位客户,在接下来的6周里,要提交好几百份纳税申报单。丹妮斯决定暂时不去烦他。等到报税季结束时,他们手头会宽裕一些,就能付得起手术费给她治病了。可是那台手术永远也没能到来。丹妮斯的病转化成癌症,癌细胞像野火一样蔓延开来。她撑过了那个夏天,最后在医院的病床上溘然长逝,只留下满心伤痛的丈夫和他们的三个孩子。丹妮斯,一位善良而无私的妻子和母亲,就这样永远离开了人世。

会计师艰难地应付着自己的工作以及单亲爸爸的新角色。仅仅在大约一年前,生活里的阴霾才开始散去,他的内心才渐渐找到一丝平静。丹妮斯的突然离世让他感到愤怒而困惑。他把经济上的困窘和丹妮斯的离去归咎于自己的无能。他一直怀着这样的

富有的习惯
RICH HABITS

负罪感生活，直到在有天早上醒来，回忆起一个生动的梦境，丹妮斯在梦里对他说："你只是需要问对问题。"那一整天，这句话一直在他的脑海里回荡，直到入睡前他还一直惦记着。

第二天早上，他猛然醒悟。"为什么我的生活一塌糊涂，可是我的客户们，那些向我征求财务建议的人却过得很好？"他一边揉着惺忪的睡眼，一边问自己，"这一定不是财务知识的原因，我比所有客户懂的税务和财务术语都要多。一定有我做得不对，而他们却做对了的地方！"

于是，会计师当即决定要解开这个谜团。他做的第一件事，就是设计一连串的问题，用来询问那些事业有成的客户，试图从中找出有什么地方是他们做对而自己做错了的。经过反复的替换和更改，最终他确定了一份由20个问题组成的调查问卷。有天半天他从睡梦中醒来，突然想到自己应该把这些问题拿去问那些不成功的客户，看看他们的回答是否与成功客户的有所不同。按照美国专利局的说法，这称得上是一次"灵光乍现"[①]了。直到那个晚上，会计师才醍醐灌顶般地意识到，从成功客户那里得到的回答只有与不成功客户的回答两相比较，才真正具有意义。

于是，一个原本简简单单的短期项目就这样扩展为一场长达

---

① 美国影片《灵光乍现》中的情节。

Part1 富有的习惯
第四章 会计师

5年孜孜不倦的调研。通过对从两组不同人群身上获得的数据进行分析，会计师果真有所斩获。结论相当惊人。成功的客户给出的答案与不够成功的客户给出的答案之间，有着一道堪比大峡谷的巨大鸿沟。

比如，他问："你下班后一般做些什么？"从成功客户这个群体给出的答案来看，他们下班后继续投身于许许多多的社会性或商业性活动。比如为各种委员会工作、参与演讲和授课、参与教堂活动、提升与自身专业相关的技能、继续在家办公、管理小型的联赛俱乐部，以及为非营利性组织充当志愿者。但是普通客户被问到这些问题时，给出的答案却惊人地一致：吃晚饭、看电视或做些娱乐活动、上床睡觉，每天都一样。会计师猛然醒悟，自己已经解开了财务成功的秘密，而这个秘密就体现在成功人士的日常习惯之中。

这个发现让他兴奋异常。他把自己的调研结果进行分类，最后精简成一些简单易懂的守则，他称之为"富有的习惯"。

会计师把这些习惯加入自己的日常生活中，在接下来的30天里，认真按照自己总结的富有的习惯生活。每天早晨、中午和睡觉前，他都仔细核验自己是否做得到位。机会似乎开始无缘无故地出现了。他的收入有了提高。新客户纷至沓来，以至于不得不招聘新员工以满足客户的需求。会计师几乎无法抑制心头的激

富有的习惯
RICH HABITS

动。他觉得自己仿佛喝下了能够改变生活的万能灵药。

就在他在日常生活中培养起富有的习惯之后不久，一位无法应付严重的现金流问题的老客户给他打来电话。

"我想请你帮我向一家银行争取一次最高额度贷款，"客户在电话里提出了要求，"我眼下急需5万美元。要是得不到这笔钱，我就完蛋了，下个月要么发不出工资，要么没办法给供应商付款。"

会计师记得，几乎从第一次为这位客户工作开始，他就一直在与现金流问题做斗争。他突然灵机一动，提出了一个建议："我可以免费帮你争取这笔贷款，但是我也有个要求。你下周到我这儿来一趟，我再详细解释给你听。"挂断电话后，会计师花了整整一周的时间，以自己的富有的习惯为基础制定了一份操作步骤，以便与那位不幸的客户分享。

一周后，两人在会计师的办公室见面了。"这是什么？"客户看着摆在面前的文件，感到非常困惑。

"这是一份协议。"会计师答道。

"什么协议？"客户一边问，一边开始读文件的开头：

"在此我同意严格执行附件中的操作步骤，并且坚持30天。作为交换，免费享受所有有关争取额外资金筹措的服务。"

客户对着文件琢磨了一会，又大致浏览了一下会计师为他量身打造的步骤。

"只要做到这些就行了？按照这些步骤坚持30天？"

会计师的脸上掠过一丝笑意，"30天。"

"好像挺简单嘛。"客户在协议上签了字。

"准备好开始了吗？"会计师充满热情地问。

"现在？嗯……我……我想准备好了。"客户磕磕巴巴地回答道。

于是，J.C.乔布斯将一份富有的习惯养成方案的复印件拉到客户面前，翻开了第一页。

第五章　富有的习惯养成方案

人们普遍认为，发财主要靠运气，所以在开始介绍富有的习惯养成方案之前，打消大家对运气的盲目迷信是很有必要的。许多碌碌无为之辈在为自己找理由的时候，都说自己没有"好运气"，或者自己就是"不走运"。他们振振有词地说，想要发财就必须有好运气。好运真的对成功如此重要吗？答案是肯定的。所有成功人士都享受过好运气带来的福利。实际上，如果不靠一点好运气，是不可能获得成功的。但是，我们还得把这条真理掰开揉碎了看一看。

运气一共分为四种。第一种是"随机的好运"。这种好运我们完全无法控制，比如买彩票中大奖，或是收到意料之外的遗产等。

第二种是"随机的坏运气"。就像随机的好运一样，我们对此也无能为力。造成这种运气的原因超出了我们的控制范围，比如生病、被闪电击中、突发事故、房子突然被一棵大树压垮之类的。

第三种运气叫作"机遇"。这种好运气是良好的日常习惯的副产品。不妨把机遇看成一颗苹果树。我们松好了土，种下种子，然后认真培育它长大。一段时间后，苹果树开花结果了，枝头的累累硕果就是我们长期以来辛勤劳动的产品。这些苹果便相当于机遇。

为了在生活中获得机遇，成功人士会做许多必须要做的事，并且长期坚持下去。他们每天都遵照富有的习惯生活。机遇可遇不可求，但富有的习惯就像一块吸引机遇的磁铁。有的人称之为"吸引力法则"。对于那些培养了富有的习惯的人而言，机遇就是依照吸引力法则发生的。

第四种是"厄运"，它是机遇邪恶的双胞胎兄弟。不成功的人都有坏习惯。就像富有的习惯一样，坏习惯也是种子，它们会生根、发芽、长大，最后同样会结出果实。不幸的是，坏习惯结出来的坏果子会给人带来厄运，比如丢工作、投资失败、丧失抵押品赎回权、离婚、生病等等。

为了获得成功，我们必须吸引合适的运气。养成富有的习惯就能保证我们吸引到合适的好运气，然后机会便会在不知不觉中出现。果子沉甸甸地压在枝头，我们需要做的，只是伸手摘取而已。

富有的习惯承诺1：我要培养自己的日常富有的习惯，每天照做不误。

好的日常习惯是成功的基石。成功人士有别于普通人的地方，就在于他们的日常习惯。他们养成了许多好习惯，几乎没有坏习惯，而不成功的人正好相反，有许多坏习惯，好习惯则屈指可数。大部分成功人士甚至意识不到自己拥有这么多的好习惯。所以定义成功是件不太容易的事。

如果不能清楚地认识自己的强项和弱项，任何人都无法取得成功。我们必须对自己诚实，不留情面，才可能对自己做出准确的评估。可是，什么算是强项，什么又算是弱项呢？因为标准过于模糊，很难给出明确的定义。而且我们还会给自己设置障碍：自尊心一旦横加干涉，分析结果就没法太准确了。所以，依赖第三方对我们做出评估，会比自我评估容易得多。

有一个简单可靠的办法可以帮助我们做自我评估，那就是检视每天的生活方式和日常习惯。通过了解自己的日常习惯，就能对自己的强项和弱项获得准确的洞察。糟糕的日常习惯会阻挡我们走向成功的脚步，认识到这一点，在获得财务成功的路上，便迈出了第一步，也是最有意义的一步。

在一张纸上画出两列表格。在第一列中填上自己糟糕的日常

Part1　富有的习惯
第五章　富有的习惯养成方案

习惯，在第二列中填上对应的好习惯。第二列将成为我们培养好习惯的清单。比如：

坏习惯	好习惯
我每天看电视的时间太多。	我限制自己每天只看1小时电视。
我没有定期锻炼。	我每天锻炼30分钟。
我从不关心自己吃了什么。	我每天摄入的热量不能超过××卡路里。
我从不阅读与自己专业有关的书籍。	我每天阅读30分钟。
我做事拖拉。	我每天都要把待办日程上的工作做完。
我抽烟。	今天我不抽烟。
我花了太多时间上网。	我限制每天用来刷网页的时间。
我不马上回电话。	今天我要及时回复每一个电话。
我记不住别人的名字。	我把人名写下来，然后背熟。
我总是忘记重要的约会。	我了解说定的约会对别人来说很重要。

好习惯养成：每周跟进项目（示例）

1. 今天我花了30分钟学习和本行业有关的资料。

2. 今天我花了30分钟跑步。

3. 今天我完成80%的待办事项。

4. 今天我至少给一位潜在客户打了电话。

5. 今天我没有浪费时间刷网页。

6. 当我懒得去做某件事的时候，便催促自己"现在就去做"。

7. 今天我没有说讽刺挖苦的话。

8. 今天我没有说不合时宜的话。

9. 当我发现到自己说得太多时,就赶紧停下来了。

10. 今天我摄入的热量不超过2000卡路里。

11. 今天我限制自己只喝两瓶啤酒。

12. 我今天下午6点后才离开办公室。

13. 今天我打出了一个问候电话。

14. 今天我打出了一个生日祝福电话。

小结:成功人士在生活中严格遵循良好的日常习惯,这是第一条,也是最重要的一条富有的习惯。

富有的习惯承诺2:我会设定每日、每月、每年的目标以及长期目标,然后全心投入追求自己的目标。

成功人士的行为以目标为导向,他们总是给自己设定目标。他们把日常目标写进每天的待办事项里,同时设定长期目标,告诉自己在某个时间点之前要完成什么事。为了达成目标,他们工作起来心无旁骛,把办公室之外的所有个人和家庭事务统统抛开。

成功人士思考问题时会从长期目标出发,他们总是放眼未来，以确定自己在完成目标这件事上走到了哪一步。他们不会纠缠过去，也就是说，不会对过去的成功或失败怀有任何无谓的想法。他们只是不断对方向做出调整，保证自己的每一步都准确地踏在目标实现的方向上。

非成功人士没有目标，他们就像秋天的落叶，漫无目的，只会随风四处飘荡。他们任由生活中的杂事影响自己完成本职工作的能力，允许与工作没有任何关系的事情随便让自己分心。他们无法专注于一个目标，而成功是由许多必须完成的任务组合而成的，所以他们也就无法获得成功。

当日目标

在开始新的一天之前，应该制定好当日目标/待办事项表。把那些有可能在当天实现（80%的可能）的事项列出来，优先完成这份清单上的任务，并且为每个任务设定具体的完成时间。为当天完成的可能性较低（低于20%）的任务设定较低的优先权，这些任务可以放到第二天完成。这样做的好处是，在完成待办事项的时候给自己留有余地，可以减少挫败感，并且保证按时完成重要任务。每完成一项任务就把它划掉，同时别忘了给自己庆祝和鼓励。在一天即将结束时，对这份待办事项清单进行评估。长此以往，我们便能建立起对自己的问责制度。

富有的习惯养成：当日目标/待办事项清单（以工作日为例）

描述	完成时间
阅读与自身行业有关的资料	6:00—6:30
检查语音信箱和电子邮件	8:30
拨出一个问候电话	9:00
拨出一个生日祝福电话或发出生日祝福邮件	9:00
给潜在客户打电话	9:30
完成尚未确定的人寿保险申请单	10:00
跟进尚未确定的案例	11:00
与客户会面	13:00—17:00
回复所有的电话	17:00
再次给潜在客户打电话	17:30

在这份清单中，每天只要能完成80%的当日目标就算是成功了。

当月目标

在每个月的月初制定一份当月目标，将在本月末之前可能完成的事项列出来，将每个目标拆分成具体的任务和步骤。当月目标可以是当月要签订的保单数量、希望获得的新客户数量或当月的收入，也可以是需要完成的具体项目或是一篇待写的文章。

比如：当月目标第一条：这个月我要签下5份人寿保险单。为了实现这个目标，在接下来的4周里，我每周要见10位客户。

为了达到这个目标，每周我需要打出50个电话，分摊到每个工作日就是一天打10个电话。

今年和来年的目标

今年和来年的目标指的是我们有一定把握做到的、而且是自己想做的事，并把每个目标拆分成许多需要完成的任务。

比如：今年的第一个目标：今年我要通过注册会计师考试。为了达到这个目标，我需要学习，所以我要拟定学习方案：每个工作日学习1小时，每个周末学习6小时。我会复习学习资料，并且完成练习试卷。

长期目标

长期目标指的是那些比较长远而宽泛的目标。可以把长期目标看作自己的"愿望清单"，围绕清单中的每个目标拟定具体的实现步骤，其中要包含每一个需要完成的任务和项目。

比如：第一项长期目标：我要在5年内买一套房子。为了达到这个目标，在接下来5年中我每个月要存1000美元。为了每个月存1000美元，我要减少花费，并且每次发薪水后将250美元存到一个独立的储蓄账户里。

富有的习惯：目标列表

今年目标	明年目标	长期目标
参加注册会计师考试	写书并出版	5年内挣够……美元
获得长期照护资格①	另存……美元	给妻子买一辆敞篷车
存款增加……美元	参加注册理财规划师考试	到……之前，成为合伙人
还清汽车贷款	体重减到80公斤	到……之前付清房贷
到……之前体重减轻4.5公斤	跑马拉松	到……之前买海滨别墅
升到……的职位	薪水增加到……美元	给孩子的大学教育存款增加到……美元

有个方法可以用来保证长期目标一直保持在我们的视线范围内，那就是使用愿景板。通过愿景板，把长期目标转变为实实在在的画面，比如梦想中的房子的照片、公司的照片、退休后的理想居所的照片等等。喜剧演员金·凯瑞在还是无名小辈时，曾经给自己写了一张2000万美元的支票，并且把它放在一个每天都能看到的地方。这张支票就相当于一个愿景板，代表的是他希望自己有朝一日能够达到的长期目标——出演一部电影，拿到2000万美元的报酬。当金·凯瑞终于有机会在电影里出任男主角时，猜猜他提出酬劳是多少？正是2000万美元，而且他如愿以偿了！

小结：成功人士会设定目标，并且为达到这些目标拟定具体的计划。

富有的习惯承诺3：我每天都要提升自我价值。

成功人士每天都在不断提升自我价值。他们阅读与自身行业相关的杂志和技术资料，抱着学习的心态孜孜不倦地汲取知识，保持与时俱进。他们不会把时间花在看电视或者刷网页上。

成功人士阅读自我提升类书籍，始终保持学习的热情。他们每天都会花时间学习，只为了让自己变得更优秀，在工作中表现更加出色，完成自我价值的提升。他们知道时间宝贵，不能浪费在没有意义的事情上，所以他们总是围绕着自己的目标进行自我完善。他们设定更加明确的小目标，比如考取从业执照、获取学位或为自己的企业发掘新的商机。他们不断地参与一些富有创造性的项目，提高自己的综合素养、创造职业发展机会、保持敏锐的思维，拓展业务前景。

碌碌无为的人在专业方面不思进取，他们宁愿花时间看电视或读杂书供自己消遣，也不关心行业的发展趋势，更不阅读行业期刊。他们会找各种借口美化自己不思进取的表现。

提升自我价值还要求我们每天参加那些有助于充实头脑，拓宽知识面的活动，从而让我们在工作中更加游刃有余。为了提高自我价值，必须多多掌握与我们所属行业相关的知识，比如可以经常阅读行业期刊、考取相关从业执照、增强技能、发掘新的业务机会等。只有围绕自己的专业进行自我完善，才能有效地提高专业技能，把握机会。当我们积淀了越来越深厚的知识基础，机会便会在不知不觉中开始显山露水。

选择一段不被打扰的时间进行自我提升的学习。比如，可以在工作日的早上，正式开始一天工作之前。学习的时间至少要保证不少于30分钟。每天30分钟看上去并不多，但是日久天长就能帮助我们实现长足的进步。选择什么样的时刻并不重要，只要是没有外界打扰，适合自己的时间就可以。

小结：成功人士每天都花时间提升自我价值。

富有的习惯承诺4：我每天都要关注自己的身体健康。

成功人士不仅吃得健康，而且坚持运动。他们关心自己吃了什么，吃了多少，控制自己的饮食，不大吃大喝，也不沉溺于食物和酒精。他们也有放松的时候，但那是有节制的放纵，而且只是偶然为之，比如在享受节日大餐或参加宴会的时候。

Part1　富有的习惯
第五章　富有的习惯养成方案

对于成功人士而言，运动如同刷牙，是再普通不过的日常活动。他们知道坚持运动能保持身体强健和头脑清晰。日常运动能够改善我们的免疫系统，减少疾病的发生，这就意味着我们的工作效率会更高，因为生病的时候难免会错失机会。坚持运动让我们保持充沛的精力。

成功人士拟定适合自己的体重管理体系或运动方案。有些方案很复杂，有些则比较简单，但是不管怎样，他们"管理"自己的体重，也就是说他们关注自己每天消耗的食物总量，并且通过运动进行养生。

碌碌无为之辈没有长期而规律的健康控制体系，他们总是寻找各种号称最新、最奏效的瘦身食谱。他们对健康的关注纯属心血来潮，常常是受到外部因素的刺激，突然决定少吃或吃些不同的东西。正是为了迎合他们的需求，市面上才出现了各种各样的减肥食谱。由于不懂得控制体重，他们只能在发胖和减重之间来回摆动。最后，这种行为对身体造成的伤害会体现为高血压、糖尿病、心脏病等疾病。

不成功的人对待锻炼与对待食物有着相同的态度，只会在外部力量的影响下偶尔为之，当外部刺激消失，他们便故态复萌，不再锻炼身体，任由体重再次飙升。他们的人生就陷在这样不断重复的恶性循环里。

富有的习惯
RICH HABITS

有一个简单的方法可以用来监测我们消耗的食物总量，那就是每次用餐或每次吃过点心后计算摄入的热量，并且记录每天的数据。如果想为自己设定一套体重管理方案，首先必须搞清楚的是，自己每天吃了些什么。在进行体重管理的第一个30天内，将每天吃下去的食物记录在案，并且标出每种食物的热量数据。通过这30天的记录，我们会发现有的食物热量很高，便可以决定不吃这种高热量食物，至少不要多吃。

监控和管理食物消耗与节食减肥是完全不同的，千万不要混为一谈。节食减肥无法长期有效控制体重，因为对我们自己要求过于严格，难以坚持。而且坦白说，节食会让我们丧失一种重要的人生乐趣。管理食物消耗并不要求我们饿肚子，或是从此与美味大餐相忘于江湖。我们常常吃大餐，无须为此而感到内疚。我们只是要明白，为了保持或减轻体重，不能每天都吃那些高热量的食物，否则便会超过我们为自己设定的热量摄入限定值。我们尽可以自在地吃喝，但是心里要明白，尽管有些食物是我们的最爱，但是吃下去之后当天的热量限定值会超标，所以要确保这只是偶尔的例外，而不会形成习惯。

不过，做到了监控食物消耗，体重管理只能算成功了一半。我们必须每周至少4天，每天花20~30分钟进行有氧运动。户外慢跑效果是最好的。户外慢跑时燃烧的热量比室内跑步机、爬梯机和脚踏车等健身器要多出大约三分之一。举重、仰卧起坐、俯卧撑等类似的项目都是对基础有氧运动的有益补充，但是不能取代有氧运动。这些运动更利于塑造体形，而在减脂方面作用有限。有氧运动是最有效的减脂运动，应该作为运动养生的基础项目。

早上是运动的好时段，可以在开始一天的工作之前进行，因为这个时候我们不太容易被日程安排和突发事件所干扰。

"体重管理记录表"能够帮助我们监控自己的体重。每天花5分钟做记录，我们就能看清楚自己在体重控制方面的类型，更好地了解自己的身体，从而更有效地控制自己的身体。坚持两个月，每天填写体重管理记录表（见下页），就能够了解自己每天的热量限定值，进而管理自己的热量摄入，以保持或减轻体重。比如，考虑到运动对热量的消耗，假如我们每天的热量限定值是2,100卡路里，那么如果每天摄入的热量少于2,100卡路里，便说明我们每天都在减轻体重。

富有的习惯
RICH HABITS

富有的习惯：体重管理记录表

初始体重	
目标体重	
结果体重	

热量设定值 ⟶ ☐

日期	体重	有氧运动时间	早餐热量	午餐热量	晚餐热量	总热量	累积热量	平均热量
周日	1/1							
周一	1/2							
周二	1/3							
周三	1/4							
周四	1/5							
周五	1/6							
周六	1/7							
周日	1/8							
周一	1/9							
周二	1/10							
周三	1/11							
周四	1/12							
周五	1/13							
周六	1/14							
周日	1/15							
周一	1/16							
周二	1/17							

Part1 富有的习惯

第五章 富有的习惯养成方案

周三	1/18							
周四	1/19							
周五	1/20							
周六	1/21							
周日	1/22							
周一	1/23							
周二	1/24							
周三	1/25							
周四	1/26							
周五	1/27							
周六	1/28							
周日	1/29							
周一	1/30							
周二	1/31							

月份	有氧运动的天数	分钟数	里程数	平均热量	体重变化	起始体重	结果体重
1月							
2月							
3月							
4月							
5月							
6月							
7月							

8月							
9月							
10月							
11月							
12月							

富有的习惯承诺5：我每天都要建立并维护可持续的人际关系。

对于成功人士而言，人际关系就像黄金一样宝贵。他们就像农夫细心照料庄稼一样，每天对自己的人际关系网用心维护，比如，记住联络对象的名字和生日，给新生儿送礼物，保持彼此间的联络等。成功人士会尽力帮助自己的人际交往对象和生意伙伴，哪怕一时从中得不到好处也不在乎。他们关注对方甚于关注自己。

对成功人士而言，扩宽人脉是成功的先决条件。他们开发各种系统和工具帮助自己开拓人脉；他们寻找各种理由主动伸出橄榄枝，比如通过打电话、送贺卡或赠送礼物的方式送出生日祝福或表示祝贺；他们参与到对方生活中的重大事件中去，比如参加对方或其家人的毕业典礼、葬礼或婚礼。他们与志同道合者结交朋友，不在自私自利者身上浪费时间。他们会切断与卑鄙邪恶之人的来往，保持与焦虑抑郁者之间的距离。这些人的焦虑往往是因为在经济上陷入窘境，而自己本身又为坏习惯所累，所以靠近他们容易受到太多负能量的影响。

成功人士总是孜孜不倦地寻求拓宽人脉的方法。他们及时回复电话，想尽办法提高自己人际关系的质量。

而碌碌无为者在处理人际关系时，最先考虑的往往是"最近你帮过我什么忙？"还有一种人的行为令人特别难以理解，哪怕故意欺瞒对方，他们还觉得那是种美德。如果别人不能马上产生利用价值，就会被他们视若无物，直到他们认为对方有可以用得上的地方为止。他们不会在别人生日时打电话、发邮件和赠送贺卡，也不会在"朋友"的生活中发生大事时送出礼物，表达恭贺之情。不成功的人不善于维护人际关系网，也从不考虑如何改善自己的人际关系。他们不会马上回电话，有时候根本不回电话。

不成功者采用"救火"的心态管理人际关系。在面临突发事件时——这类人的生活中经常发生突发事件——他们会主动找人求助，而且常常选被自己忽略的人为求助对象。说到底，他们根本不会在人际关系上花费任何时间和精力。

成功人士利用一些系统和工具进行人际关系的管理。有的系统相当复杂，比如最新的技术和软件。不论使用什么样的系统，只要找到一个办法，能够把有关联系对象的各种信息记录下来就行。除了姓名、地址、电话号码和电子邮箱等基本信息之外，还应该尽量搜罗其他重要信息，比如对方的职业、生日、配偶姓名、配偶生日、孩子的名字和毕业院校、他们的兴趣爱好以及其他种种重要数据。这里所谓的"重要"，指的是对对方而言很重要。OUTLOOK①是最常见的一种联络人管理系统，有了它，我们便可以将所有的联系人信息随身携带了。

但是，除非妥善地加以运用，否则就算拥有世界上最先进的管理系统也不见得有任何好处。这类系统最基本的功能之一，就是"生日提醒"。有了这项功能，我们就能主动在联系人过生日的时候送出生日祝福。即使我们与对方不常联系，有了一年一次的生日祝福，也能继续把关系维持下去。每年打一个电话祝对方生日快乐，一段人际关系就能得以保持，而且我们的主动可能得到对方的回报，如此一来，联系就变成一年两次了。

我有一个非常难以启齿的小秘密，但是老实说，与我有着同样小秘密的人应该不在少数，那就是记不住联系人的名字。成功人士会想办法补上这个短板，把所有联系人的名字，哪怕是最少打交道的联系人的名字，都牢牢记住。

记名字的好办法之一，就是将我们的联系人信息进行分类。

---

① Microsoft Office Outlook是微软办公软件套装的组件之一，集收发电子邮件、管理联系人信息、安排日程等功能于一身。

Part1 富有的习惯
第五章 富有的习惯养成方案

比如,我们可以把他们分为以下几种:

网球球伴

高尔夫球球伴

保龄球球伴

俱乐部

邻居

朋友约翰·史密斯的朋友

大学时期的朋友

另一半的大学时期的朋友

生意伙伴

工作伙伴和他们的家人

教堂/犹太教堂/清真寺或社区联系人

有时候,在参加某些场合之前,我们预料到可能遇到某些联系人,那么就可以提前调出这部分联系人的信息,重温一遍他们的名字。姓名对每个人而言都很重要,如果对方记得我们的名字,意味着他们看重与我们的关系,我们自然会心存感激。

小结:成功人士每天都培养、维系并且改善自己的人际关系,而且花费大量时间拓展人脉。

富有的习惯承诺6：我每天都会生活得很有节制。

　　生活有节制意味着生活得均衡和谐，不走极端。成功人士没有过于激烈的情绪起伏，不对任何事物过分热衷，不受任何问题过度困扰，不暴饮暴食也不饿肚子，更不铺张浪费。他们能够控制自己的想法和情绪，懂得保持均衡和谐的生活有多么重要。

　　成功人士不得意忘形，他们行事有度，表现沉稳。他们知道生活是场马拉松，不是短跑冲刺，所以在工作、饮食、运动、饮酒、看电视、阅读、上网、电话聊天、邮件、短信、聊天、娱乐和性爱等方面都保持节制。他们的踏实稳重体现在个人品性上。事业有成者大多情绪平稳，不会兴奋过度，也不压抑沉闷，不易动怒，也不一惊一乍。他们的稳重让家人、朋友以及生意伙伴感到放松，对于提升人际关系大有裨益。人们喜欢和他们在一起，与他们打交道让人感到如沐春风。

　　成功人士的吃、喝、娱乐和生活都很低调。与人们普遍以为的不同，在一般情况下，他们的家庭、汽车、私人物品和度假方式都不算铺张。世界上最为富有的人之一，沃伦·巴菲特，自打结婚起就在同一处居所里一直生活了50多年。他的家看起来普普通通，没有篱笆也没有围墙。虽然他拥有私人商务喷气机，但平时出行仍然乘坐商业班机。他每天自己开车上下班。沃伦·巴菲

Part1　富有的习惯
第五章　富有的习惯养成方案

特在生活中践行着富有的习惯。

不成功者却容易走极端。他们暴饮暴食，容易反应过度。他们允许自己在极端情绪之间来回摇摆，给自己的人际交往带来许多冲突和痛苦。他们的种种情绪，比如愤怒、快乐、爱、恨、羡慕和嫉妒总是来得过于强烈，当重要的人际关系岌岌可危时，他们甚至可能突然崩溃。他们往往对食物、酒、性爱、药物和谣言过于依赖，对个人财富，对自己的意见、想法和行为过于执着。

不成功者无法控制自己的生活。他们的情绪摇摆不定，导致身体每况愈下，人际关系千疮百孔，经济上入不敷出。他们有一种攀比心态，所以总是任由外界的影响控制自己的消费模式。如果碰巧得到一笔巨款，他们可能拿来买豪宅和豪车，好在人前抖威风。房贷和各种贷款把他们的财富消耗殆尽，为了维持自己的生活方式，许多人只能拿自己的房子进行再次融资。他们靠薪水度日，一旦发生任何意外，比如丢了工作、暂时失能或收入突然减少，生活便会立刻陷入窘境。他们没有储蓄，也没有金融安全网络。他们最看中的恰恰是最不应该优先考虑的事情。他们无法有节制地生活，无法合理安排事情的轻重缓急，也做不到量入为出。

小结：成功人士无论做任何事都能恰到好处。

富有的习惯承诺7：我会告诉自己"现在就做"，将当天的任务按时完成。

成功人士从不拖延。他们心无旁骛地完成每天的工作，不会把今天能做的事拖到明天。他们会为每天拟定待办事项清单，把需要完成的事情预先安排妥当。他们深知控制自己的生活有多么重要，不会被生活和任何事情牵着鼻子走，所以每当客户、患者、生意伙伴、家人和朋友们提出要求的时候，他们总能及时回应。

成功人士以目标为导向，他们先是设置目标，然后专注地完成它。他们能够不断地将各种任务和项目及时处理完成。他们行事积极主动，所以不会在事件发生后才临时进行补救。他们从来不理会脑海引诱自己拖延的声音。

不成功者做事爱拖延。他们推三阻四，行动迟缓，总是把当天应该完成的事情往后拖，而拖延往往会导致意外问题的出现。拖延还可能让我们忘记手头的重要任务，等到发现时，时间已经非常急迫，于是不得不匆匆忙忙进行处理。在这样的过程中，很容易发生过错和失误，甚至可能因此而担负法律责任，导致我们吃上官司。拖延使得我们无法提供优质的产品和服务。不成功者活得随波逐流，糊涂而茫然。他们很难从头到尾做完一件事情，因为总是一次又一次被紧急情况所打断，不得不跑去临时进行补救。他们没有目标，对于自己的生活和每天的行动毫无控制能力，只能随着外部压力而做出应激反应。

对于应该在指定日期完成的任务，不允许有任何往后推的想法。当脑海中产生这种想法的时候，马上对自己说"现在就做"，从而把这种想法赶出去。有必要的话，大可以每天都将这句话重复一百遍，就是不能让拖延的想法在脑海里存活哪怕一秒钟。只要全心全意地投入一项活动，我们很快就会变得专心致志，所有拖延的想法便随之烟消云散。我们会为自己能够按时完成任务感到高兴，同时感觉人生完全在自己掌握之中。

小结：成功人士从不拖延，他们选择"现在就做"。

富有的习惯承诺8：我会用致富思维面对生活。

成功人士对待生活积极乐观，活得从容不迫。他们觉得自己很强大，能够掌控人生，因而充满自信，精力充沛。他们的这种心态不是偶然产生的。成功人士全都是致富思维的拥趸。他们总是为自己加油打气，从不对自己妄加批评。他们总是给自己积极的自我暗示，每天都用正面肯定鼓励自己，从而强化自己的态度，培养积极的心态。当问题出现时，成功人士不会泄气，他们充分利用致富思维，把问题和挫折看成另一种机会。

成功人士会控制自己的想法和情绪，用积极的想法取代消极想法。他们不愿意让负面想法在脑海中停留，哪怕是一秒钟都不行，因为它们很快就会扎下根来，最后会导致他们的行为也变得消极。成功人士总是往脑海中输送积极的想法，让它们生根、开花，有一天还会结出果实。

成功人士采用致富思维看待所有的问题。他们使用正面肯定和视觉化技巧，培养和调整自己的心态。与人们所想象的不同，成功人士的脑子里也会偶尔溜进一些消极的想法。毕竟每天都有各种媒介向我们传递数不胜数的负面报道，我们吸收的信息可能给自己带来恐惧、焦虑和愤怒，进而使得我们成为负能量的受害者。成功人士意识到了这一点，为了尽量少从电视节目、广播节目或互联网上吸收负面消息，他们选择收看或收听那些富有建设性、振奋人心的节目，阅读提供正面报道的报纸或杂志。他们会对自己每天吸收的内容加以筛选。

于是，成功人士对于生活给予自己的一切心怀感激，而且每天都会表达这种感激——常常是在睡前或在早上醒来时。有的人甚至制定了清单，每天将上面列出的内容反复诵读，表达自己的感激。

不成功者对自己很苛刻，他们往往在打击自己的时候最为肆无忌惮。他们的思维模式是负面的，毁灭性的。他们允许糟糕的想法在自己的脑海里扎根，最后导致同样糟糕的行为。他们缺少行动的动机和激情，常常无精打采，灰心丧气，而且这种状态可能持续好几天甚至好几周。他们看电视、听广播，从中吸收过多的负面信息，他们读那些光看标题就叫人义愤填膺的报纸新闻，还常常浏览负面消息过多网站。最终，他们只会觉得人生无望，自己渺小无力。

改变思维模式最有效的一个技巧就是正面肯定。正面肯定其实是表达肯定含义的句子，我们每天都可以把它们灌输到自己的脑海里，帮助我们改变自己的思维模式。这些句子要用非常肯定的语气说出来，就像我们已经真的做到了一样。

正面肯定

"我每天都会把待办事项列表上的任务做完。"

"我会实现自己的目标。"

"我很幸运。"

"我很成功。"

"我一年能挣30万美元。"

"我在长滩岛拥有一栋度假屋。"

"我是我们公司的高级主管。"

"我用自己的薪水或储蓄为孩子负担大学学费。"

"我爱我的工作。"

"我喜欢与别人一起工作。"

"我很自信。"

"我的人脉很广。"

"我每周都给父母打电话。"

"我是一名注册会计师。"

"我过着节制的生活。"

所谓正面肯定,其实反映了我们对自己的期待,比如想成为什么样的人,想要获得什么,拥有什么,希望赚多少钱。这些期待必须具体,而且能够马上发挥效用。不妨拟定一张正面肯定表随身携带,早上看一遍,下午看一遍,入睡前再看一遍,直到这些正面肯定一天天渗入我们的脑海中。它们会成为我们最积极乐观的想法。随着这些正面想法在我们的脑海里生根发芽,与它们相呼应的事件和条件便会逐渐显现,机会也会随之而来,尽管有时候仿佛是凭空出现一样。

小结:成功人士每天都用致富思维面对生活。

富有的习惯承诺9：每次发放薪水后，我会拿出10%进行储蓄。

成功人士总是先把钱付给自己。在支付任何账单之前，他们会从中拨出10%，存入自己的储蓄、投资或退休账户中。他们谨慎地进行投资，定期查看存款额，为投资回报设置现实可行的目标。他们的信用评分很高，很清楚自己的净资产数额，常常查看自己的个人收支平衡表。他们聘请最优秀的财务专业人士，帮助自己将收益进行最大化，同时缴纳最低额度的税款。每一位成功人士都会聘请优秀的公共会计师，而他们自己也被许多人当作最信得过的财务顾问。他们也会寻找律师或专精于理财规划或财产规划的认证理财规划师帮助自己，总之他们聘请专业人士帮助自己管理财富，处理税务问题。

成功人士对自己退休后的生活早有安排。他们积极加入企业主提供的退休计划，这些退休计划允许职员将年收入的10%甚至更多进行储蓄，用延迟缴税的方式购买养老保险。如果公司没有退休金计划，成功人士也会通过给自己的养老账户进行投资的方式制定退休计划。他们每次拿到薪水后，都会往这些账户存入钱款。他们有养老目标，会定期评价自己的养老计划并且做出修正，他们会尽一切努力达成自己的养老目标。

不成功者不理财。他们靠薪水过日子,把每分钱都用来支撑自己的生活方式。他们不仅不存钱,而且负债累累。这些人没有别的经济来源,只能申请房屋净值贷款。他们的信用卡透支,只能勉强偿还每个月的最低还款额。他们的信用评分很差,而且对其不管理也不过目。不成功者不参与公司提供的退休金计划,也从不为自己的养老计划进行投资。有些人过度沉迷于投机,把买彩票当成自己的养老计划,鲁莽地进行毫无必要的冒险。失败者不从收入里拿出10%存入自己的账户,所以到了退休的年纪,没有足够的养老金保障老年生活。与此同时,他们还寻找种种借口,为这种行为辩护。他们不愿意为了进行储蓄而对生活方式进行一丝一毫的改变。失败者往往别无选择,只能在退休后继续工作,赚取微薄薪水勉强度日。

小结:成功人士从薪水中拿出10%来为自己的养老计划进行投资。

富有的习惯承诺10:我每天都会控制自己的想法和情绪。

成功人士是自己思想和情绪的主宰。他们不会成为愤怒、嫉妒、激动、悲伤或其他狭隘情绪的猎物。他们驱除所有的负面思想和情绪,坚决不允许它们进入自己的生活。他们知道,负面思想会导致糟糕的决定和糟糕的后果,总是尽量用积极的想法和情绪替换这些负面想法和消极情绪。面对困难时,他们的策略是:思考,评估,然后做出反应。思考能够为他们争取时间看清形势,在评估过程中,他们获得更多时间以确定该如何行动,而反应是他们做的最后一件事,因为之前花费时间选择自己的反应,所以往往做出的是最恰当的行动。

成功人士十分忙碌,他们不允许自己沉溺在悲伤和压抑中。他们积极地行动,用富有成效的行为驱散心中的悲伤和压抑。成功人士常常参与各种能够带来更多积极感受的项目和提升自我价值的活动,他们认为自己对自己的情绪和想法拥有全盘的控制权。

不成功的人是琐碎情绪的猎物。他们任由情绪控制自己的行为,很容易产生压抑感,丧失对生活的控制权。他们总是不经思考就轻率行动,而且他们应对问题的过程常常是:准备,开火,然后再瞄准。结果很明显,许多不成功者正坐在世界各地的监狱里。

坏习惯会催生不良行为,导致糟糕的决定和糟糕的生活。当我们感到无所事事,闲得发慌的时候,往往会产生消极的思想。所以,我们应该不断参与建设性的活动,比如进行自我完善,加入有意义的项目,或者为自己的目标而努力。如果你感受到了消极思想,请立刻把它们从脑海中驱除,然后让自己的精力专注于自我完善的活动、富有建设性的项目或是自己设定的目标。

小结:成功人士是自己想法和情绪的主人。

Part1 富有的习惯

第五章 富有的习惯养成方案

富有的习惯承诺：

1. 我要培养自己的日常富有的习惯，每天照做不误。

2. 我会设定每日、每月、每年的目标以及长期目标，然后全心投入追求自己的目标。

3. 我每天都要提升自我价值。

4. 我每天都要关注自己的身体健康。

5. 我每天都要建立并维护可持续的人际关系。

6. 我每一天都会生活得有节制。

7. 我会告诉自己"现在就做"，将当天的任务按时完成。

8. 我会带着致富思维生活。

9. 每次收到薪水后，我会拿出10%进行储蓄。

10. 我每天都会控制自己的想法和情绪。

第六章　富有的习惯的实际运用
——那位"元老级"客户

他们翻到"富有的习惯训练方案"的最后一页,那位客户抬起头看着会计师,J.C.乔布斯。对方正注视着他,嘴角还带着一丝笑意。"怎么样?"他问。

"真是受益匪浅。"

"没错,"J.C.答道,他的双眼也被笑意点亮了,脸颊也红润了起来,"我想让你把这些资料拿回家,晚上好好考虑一下里面提到的富有的习惯。希望你明天一起床就拿出这份资料,一步一步地执行起来。下午复习一遍,上床睡觉前再复习一遍,坚持30天。也就是说,在接下来的30天里,按照它的要求,熟悉并且按每一条习惯去做。"J.C.在自己的名片背面匆匆写下一个日期和时间,把名片朝桌子对面的客户推过去,"30天后再见。"

第二天,客户起了个大早。虽然有些不适应早起,但睡意蒙眬的他还是打开了J.C.为他量身定做的富有的习惯养成计划。

"让我看看啊,"他自言自语道,"富有的习惯第1条要求我把所有的坏习惯写在一列表格里。"这位客户按照要求，把自己所有坏习惯一条一条地写了出来。

"我还真不知道自己到底有多少坏习惯呢。"他咕哝道。然后，他又按照J.C.和方案所要求的，把坏习惯一条一条地换成好习惯。

	坏习惯	好习惯
1	我在体育赌博上花了太多时间。	我今天不参加体育赌博。
2	我抽烟。	我今天不抽烟。
3	我下馆子太频繁。	我一周下一次馆子。
4	我经常上班迟到。	我每天都准时上班。
5	我早上起得太晚。	我每天早上5点起床。
6	我对妻子关注太少。	我每天与妻子一起散步。
7	我吃了太多垃圾食品。	我今天不吃垃圾食品。
8	我常常说脏话。	我今天不说脏话。
9	我在酒吧里待的时间太长了。	我今天不去酒吧。
10	我看电视的时间太长了。	我今天看30分钟电视。

他认认真真地照着这些规定去做，最终养成了这些好习惯。这本来不是件容易的事，不过他改变生活的愿望十分迫切，所以最终还是做到了。

客户注意到，自己的生活几乎马上出现了一些细微的改变。他明白赌博不仅榨干了自己的银行存款，而且占用和妻子相处以

富有的习惯
RICH HABITS

及处理业务的时间。停止赌博后,工作日的晚上他不再去体育酒吧看下注的队伍比赛,于是,早上起床变得不那么困难,准时上班自然轻轻松松就能办到——而且是完成早上的富有的习惯之后。到办公室的时间早了,时间充裕了,就能做完更多工作,所以他能在合理的时间里把安排好的工作一一完成。这样一来,不但压力小了,回家陪伴妻子的时间也多了。夫妻间的关系渐渐好了起来。妻子喜欢有他在身边,愿意跟他待在一起。公司业务也逐渐增加了。他不再把公司账户里的钱拿来赌博,支出管理变得很轻松。

他的下一个任务,是按照富有的习惯第2条的要求设定每天的目标,以及今年和明年的长期目标。对于从来没有目标的他来说,这可是一项全新的任务。刚开始,定下的每日目标总是完不成,他便按照富有的习惯第7条,不断告诉自己"现在就去做"。没过几天,他就掌握了窍门。他甚至开始期待完成目标后在清单上打钩的感觉。而年度目标呢,尽管刚开始看上去总觉得不太现实,后来他却发现它们并不是空中楼阁。他的自信与日俱增。他为自己的卓有成效感到自豪。有种全新的信念渐渐在他脑海中生根发芽:他相信自己能够,而且一定要把大部分目标完成。他对待工作充满了干劲,渴望更加努力地工作。于是,销售额增加了,新的机会也向他的公司敞开了大门。

Part1　富有的习惯

第六章　富有的习惯的实际运用——那位"元老级"客户

按照富有的习惯第4条的要求，这位客户应该每天花一点时间照料自己的身体。他以前只是偶尔运动，从来没减过肥，估计自己超重11公斤。比超重更糟糕的是饮食习惯。以前他很少在家待着，在家吃饭的时候不多，总是在体育酒吧吃辣鸡翅、汉堡、薯条和喝啤酒。为了改善身体状况，他每晚和妻子在饭后一同散步一小时。他们的体重都有所下降。带着减肥的目的，他们开始留意自己的饮食。另一方面，一同散步也使得他与妻子变得越来越亲密。

就这样，他将富有的习惯一条一条地融入自己的生活。生活渐渐明朗起来，人生这块智力拼图开始一块一块地就位。这位客户知道，自己已经脱胎换骨，走上了一条正确的轨道。

按照约定，与J.C.见面的日子渐渐临近，客户情不自禁地激动起来。他听了J.C.的话，践行富有的习惯30天，到了最后这一天，他有一种焕然一新的感觉，仿佛经历了重生一般。他很明白，自己正在逐渐向成功人生的目标逼近。

客户把自己做的事以及在这30天里经历的奇迹般的变化尽数讲给J.C.听。J.C.兴奋不已。他的富有的习惯在除自己之外的另一个人身上发挥作用了！他看得出来，这位客户养成了富有的习惯的思维模式，已经今非昔比了。J.C.非常高兴。

"太谢谢了。"告别的时候，客户连声感谢。

富有的习惯
RICH HABITS

"我想请你帮个忙。"J.C.说道。他的视线落到在桌上摆放着的丹妮斯的照片上。那张照片是在她去世的前一年,他们去默特尔海滩度假时拍的。照片里的丹妮斯沐浴在阳光下,笑得很灿烂。"如果你遇到和曾经的你一样,被类似的财务问题困扰的人,希望你能主动伸出援手,请他们来找我。我会用同样的方法帮助他们。"

"有多类似才算?"客户问,"穷困潦倒的人有很多。"

"95%吧。"J.C.补充道。他顿了顿,仔细琢磨了一会,又说,"如果他们的故事能牵动你的心,让你联想到自己经历过的困境,那就对了。看到一个承受痛苦的人,让你觉得仿佛看到了过去的自己,碰到这样的人,就推荐他们来找我。你愿意帮这个忙吗?"

客户坚定地与J.C.握了握手,答应了下来。

等到客户离开,J.C.凝视着照片中的丹妮斯,轻声说道,"丹妮斯,只要我活着,就不会对那些受到财务问题困扰的人坐视不管,我希望他们不用像我这样,带着负罪感生活。我爱你,丹妮斯,而且,我还想再说一次对不起。"两行热泪沿着J.C.的脸颊落了下来——一行代表着遗憾,一行代表希望。

第七章　富有的习惯的实际运用
——秘书

　　迪伊在房间左边找了个座位坐下，然后谨慎地打量着四周的人。每个人的面前都放着一张小小的名片。旁边那个有些超重、谢了顶的男人叫作菲尼克斯；右边的角落里坐着一个衣着得体的人，大概四十五六岁的样子，名字是赫布。他的样子跟这个地方有些格格不入，不过迪伊知道，失败可是没有规矩可讲的。陆陆续续有人走进这间宽敞的培训教室，找到放着自己名片的座位坐下来。大家都在互相打量，每个人都显得紧张而局促。迪伊仔细想了想。他们不是紧张，也不是局促，而是被挫败感打击得一蹶不振。"这里都是些自卑的人，"她暗自下了结论，又想，"其实我们都在同一条船上……泰坦尼克号。"她被自己想法逗笑了。

　　课程持续了3个小时。讲师也曾经历过财务危机，又幸运地被富有的习惯所拯救。他兴致高昂地为大家讲解每一条富有的习惯的内容，那份热情感染了在座的每个人。这些曾经的失败者开

富有的习惯
RICH HABITS

始有了笑容,大家互相击掌,详细地分享各自遭遇的困境。课程进行到一半的时候,J.C.进来,讲了一番话,为大家鼓舞士气。这一天里充满了叫人精神振奋的事情。最后,当迪伊拿着课程文件夹与一百名和自己有着相似经历的人陆续走出教室的时候,大家还在互相加油打气。在那一刻,没有人认为自己是失败者。

迪伊最终成为J.C.乔布斯最有激情的学生之一。富有的习惯第一条要求把糟糕的日常习惯列出来。她毫不留情地对自己的所有坏习惯痛下杀手,最后选定了10条导致自己一事无成的坏习惯。然后,她按照培训方案所要求的方式,把每一条坏习惯加以修正,变成需要培养的好习惯。

第4条富有的习惯要求迪伊每天关注自己的身体健康。她从来不锻炼身体,也不关注自己吃了些什么,导致身体每况愈下,而且严重超重。她决定把自己每天消耗的食物热量限制在1800卡路里以下,而且每天至少花30分钟进行有氧运动。迪伊喜欢吃东西,所以刚开始限制热量摄入的时候饿得要命。不过饥饿的感觉渐渐有所缓解。迪伊太胖,没办法慢跑,就选择了健走。在规定的30天快要结束的时候,她已经开始能够每天健走或慢跑45分钟。叫人惊讶的是,在这30天里,她的体重减轻了11公斤。"我从高中毕业后就没有这么轻过了。"她自豪地对自己说。

富有的习惯第5条要求迪伊审视自己的人际关系,切断不健

Part1　富有的习惯

第七章　富有的习惯的实际运用——秘书

康的人际来往。她知道，这次失业是因为家人总是用各种各样的"极端"问题来逼迫自己。这些事分散了她的注意力，导致她最终丢了工作。迪伊在十几岁的时候被父母抛弃了，一位姨妈不太情愿地开始照看她。这位姨妈和她的孩子们都把迪伊当作拖累，而且把这话直截了当地说给她听。结果，迪伊一边接受着他们的帮助，一边怀着深深的内疚。这份内疚贯穿了她的全部青春年华，而姨妈和表兄弟姐妹则利用这种内疚，操控迪伊帮他们应付一次又一次地财务危机。在这样的人际关系中，迪伊只是单方面付出，而那些人则索取，索取，再索取，从不付出。迪伊下定决心，重新站稳脚跟后决不允许自己再被他们所利用。

　　她每次集中精力培养一种习惯，渐渐地，整个人开始展现出新的面貌。

　　迪伊想回到从前的公司去工作，于是，有一天她自信地主动联系以前的老板约翰·安德鲁斯。迪伊想办法说服约翰在午餐时间见个面。迪伊一边吃着饭，一边告诉约翰自己参加富有的习惯培训课的事。约翰兴致盎然地听着。迪伊明显瘦了，从这一点上他就能看出课程对她的影响。迪伊告诉约翰，她已经与那些摆布自己的亲戚划清了界限，再也不会允许自己被类似的人或事分心了。她告诉约翰，她相信自己能够胜任他对自己的期待。最后，约翰同意请迪伊回去，"先试一试再看"，他说。

富有的习惯
RICH HABITS

　　起初尼娜非常反对让迪伊回来工作，但是没过多久，她就和迪伊成了朋友。尼娜负责公司大部分的行政事务，渐渐地，她开始把越来越多的任务交给迪伊去分担。

　　几年后，尼娜担任了阳光锯片公司的首席执行官，而迪伊接管了尼娜的职位。在J.C.乔布斯的鼎力支持下，迪伊自告奋勇为公司的员工进行了富有的习惯培训课的培训。所有员工都被卷进了富有的习惯培养的热潮当中。约翰最终把自己在公司的股份卖给了尼娜、迪伊和其他一些重要员工，在他们的努力下，公司蒸蒸日上，扩大了经营规模，每个人都得到了相当可观的收入。也许，迪伊在培养富有的习惯的过程中最重要的收获，就是能够掌控自己的体重和健康。年届四十的她仍为镜子里那个苗条而健康的自己而倍感骄傲。为了纪念自己在富有的习惯的帮助下获得的新生，迪伊每年都参加半程马拉松比赛。今年，她将参加人生中的第20次半马比赛。

第八章　富有的习惯的实际运用
——汽车经销商

赫布可能是这个培训班里见效最快的学生之一。他的短板虽然不多，但是可能导致要命的财务问题。他知道，有一条富有的习惯自己没能做到，那就是第5条：我每天都要建立并维护可持续的人际关系。赫布一直把卖车当成一锤子买卖。在做销售的时候，他从不花时间与客户建立人际关系。他的销售方式很蛮横，对客户的态度很不友善，做销售员的时候这样的确可以卖出车去，但是对于自己管理的企业却足以致命。这种态度慢慢渗透进了售后、财务、保险和销售部门，形成了一种漠视老客户的企业文化。于是，老客户再也不登门，车行不得不天天开发新客户。更糟糕的是，老客户不再用他们的售后服务，而实际上，售后服务才是经销商最主要的收入来源之一。赫布开始努力地改变自己车行的文化，目标是要学会尊重客户。

赫布做的第一件事，就是在店门口竖起一块牌子，写着"此店易主"。他想让每一个店里（员工）和店外（客户）的人都知道，这家店已经换了风格。接下来，他主动与从前的老板联系，虽然他们曾经因为赫布对客户的态度而频频发生争执。他对从前的老板吐露了参加富有的习惯培训课的事。老板愿意帮助赫布，答应每周与他见两次，传授管理与客户之间的人际关系的技巧。他还向赫布引荐了一些宝贵的银行方面的人脉，赫布得以筹措资金偿还欠款，并且库存贷款的期限也得到了延长。这为赫布赢得了重新培训员工的时间，与此同时，新的企业文化也开始发挥作用。

赫布的生意开始真正有了起色。他学会把客户当成上帝，还清了欠银行的债务，而且不再需要申请库存贷款，因为公司的钱已经足够维持库存了。几年后他买了第二家车行，渐渐地增加到第三家、第四家。

现在，赫布不仅是新英格兰地区最大的汽车经销商之一，也是J.C.乔布斯的富有的习惯基金会最顶尖的讲师之一。富有的习惯基金会是由J.C.乔布斯创立的一个非营利组织，专为付不起培训费用的人提供免费的富有的习惯培训。赫布认为自己最值得称道的成就，就是为将近一万人进行了富有的习惯养成培训。

第九章　富有的习惯的实际运用
——保险推销员

　　从参加富有的习惯培训课的第二天起，菲尼克斯就忙了起来。他阅读了每一条富有的习惯承诺，最叫他烦恼的是第3条：我每天都要提升自我价值。很长时间以来，菲尼克斯一直认定自己讨厌这份工作，而且觉得自己已经错过了人生的召唤，虽然他不知道那召唤是什么。所以，他从来没有真正投入到工作中去，他根本不屑看任何与自己行业有关的资料。他很少——没准有过几次呢——阅读人寿保险的行业期刊，虽然这些杂志每个月都会寄到他手里。菲尼克斯知道这种情况必须改变。富有的习惯培训课让他开始看到事实真相，看清自己在职场中最明显的缺陷。

　　菲尼克斯决定每天早上读30分钟技术资料。开始那几天，他觉得这真是个苦差，读这些材料对他来说就跟拔牙一样痛苦不堪。但是随着时间一天天过去，这件事变得没那么困难了。一周之后，他已经把阅读的时间从30分钟增加到了45分钟，而且阅读资料里还加进了新的产品资料。他开始做笔记，记录从阅读中学

富有的习惯
RICH HABITS

到的新知识和销售技巧,而且笔记本里记录的内容越来越多。他尝试使用一些销售技巧,而且尝到了一些甜头。菲尼克斯的工作有了一些实质性的进展,他获得的面谈机会翻了一番,只是他暗自认为,凭自己从前在客户转换率方面取得的成绩,达到这些成就并不算很难。不过,他仍然对于自己的进步倍感自豪。而且,书读得越多,似乎能够获得面谈的机会也就越多,而且他尝试的新技巧也提高了最终的签单数量。

富有的习惯第4条写道:我每天都要关注自己的身体健康。菲尼克斯读完早上的资料后,就穿上一双运动鞋出去慢跑。他觉得自己大概超重了18公斤,大部分肉都长在肚子上,脸上也胖得不像样子。起初他跑不了两公里,但是两周后,他已经可以毫不费力地跑3公里,随后又增加到5公里。与此同时,他的体重开始下降了。体重的减轻使他开始关注合理饮食,还戒了烟。他看到了减肥的成效,于是产生了更大的动力,逼迫自己少吃。很快,他的体重就降了5公斤,妻子和儿子都注意到了菲尼克斯身材的改变,这下子他更是扬扬自得了。

菲尼克斯开始挨个给电话本里的联络人打推销电话。他以前不喜欢这样做,不过现在却把它列为自己的每日目标/待办事项。他还是不喜欢打推销电话,但还是每天晚上坚持了下来。有的电话打出去毫无成果,但有一个却给他带来一个被引荐的机会,最后签订了一笔高额保单。最后，这成为他职业生涯中最大的一笔保单。菲尼克斯乘胜追击，驱策自己每晚拨出更多电话。养成这个习惯后，他不再去光顾当地的酒吧。一来因为无法两边兼顾，二来他觉得在那儿喝啤酒与自己正在进行的减肥大计相矛盾。每天按计划完成晚上的电话营销任务后，他都会从自己冰箱里拿出一瓶啤酒犒赏自己。很快，这便形成了习惯，每晚一瓶啤酒下肚，他觉得比起从前在酒吧喝酒的感觉还要好。

在某个月将近月末的一天，菲尼克斯被上司叫进了办公室。"发生了什么事？"他的上司带着一丝隐隐的笑意问他。菲尼克斯不喜欢被叫到上司的办公室。他觉得这可不是什么好事。他回答的时候很紧张，"嗯，很多，我想——这个月有些事情有变化。"

"所以我才叫你进来。"上司答道，"我刚刚拿到这个月的初步报告。你的销售额增加了。你签了一笔大单，但是让我感兴趣的不是那笔大单，而是其他那些小单子。"

"你的意思是？"菲尼克斯开始和上司一起看那份报告。

"你看，你签了差不多有12笔小单，单独看每一单都不算很大，但是加在一起数额就挺惊人的。你做了什么？"

菲尼克斯本来不愿意告诉上司有关富有的习惯的事，他觉得这完全是个人的私事。但是看到对方一副兴趣盎然的样子，他

富有的习惯
RICH HABITS

决定不再有所隐瞒。他给上司粗略地讲了讲自己正在参加的"实验",上司很有兴致地听完了。

"那很不错啊,菲尼克斯。我想你一定很有收获。"老板打开了抽屉,交给他一个信封。

"这是什么?"菲尼克斯看着那个写着自己名字的信封问道,这很像是装薪水的信封。

"打开看看。"老板面带笑容地催促他。

菲尼克斯打开信封,惊讶地看到一张面值1000美元的支票,而且是开给他的。

"这是为什么?"他难以置信地问。除了微薄的工资支票外,他还从没收到过上司开的其他支票。

"这个月你的业绩是第三名,所以得到了月度奖金。"

菲尼克斯的意外之情溢于言表。上司抓住他的手,拉过来用力地握了握。

那晚菲尼克斯把支票拿给妻子看。"我真想把它给裱起来,"他告诉妻子,"我还从没收到过这种东西。"

妻子给他一个拥抱,建议道,"我们要庆祝一下,干脆出去吃饭吧。"

菲尼克斯想了想,然后答道,"不,我不行。我今晚还要打推销电话,不如改到周五再庆祝,好吗?"

Part1 富有的习惯

第九章 富有的习惯的实际运用——保险推销员

"没问题,很好啊。我们周五庆祝。"

从此以后,收到月度奖金对菲尼克斯来说成了家常便饭,而且渐渐地,支票的金额越来越大,因为他从第三名升到第二名,然后是第一名。他太喜欢成为第一名的感觉了,所以加倍努力工作,占据业绩榜首长达两年。就在菲尼克斯月度业绩飙升到最高的时候,上司问他是否可以为公司其他一些同事进行富有的习惯培训。菲尼克斯找到J.C.乔布斯,后者很干脆地答应了。后来的事实证明,培训的决定相当英明。很快,这家公司的盈利就开始不断增长,员工们的业绩也越来越喜人。

菲尼克斯的儿子顺利进入大学深造,然后毕业了。菲尼克斯掌控着自己的体重、支出和储蓄。他在公司不断升职,担负的责任越来越大,而且还负责给所有新聘请的员工进行富有的习惯培训。

纪念J.C.乔布斯

教堂的长椅已经坐满了，但人们还是不断涌进来，里三层外三层挤得水泄不通。里面实在是挤不下了，人们便开始站在外面的台阶上。悼念的人群沿着人行道排开，一直从教堂前排到了教堂的对面。整个街区到处都是人。教堂钟声洪亮地响起，却盖不住参加葬礼的人说话和抽泣的声音。一位辅祭拿着电线和喇叭在教堂外跑动着，好让外面的人群也能参与到教堂内的仪式中来。

"他挽救了我的生命。"在一片喧嚣声中，一个路人对另一个说。

"我也是。"第三个人插话进来。

很快，教堂外回响起一叠声的"我也是"。

一位老人从祭坛前的长椅上站起身，慢慢地走上讲坛。他调整了一下眼镜，拿出自己的稿纸，做了个深呼吸，又环视了一眼前来哀悼的人群，然后低头看向手中的发言稿。

"350万人，这就是被J.C.乔布斯和富有的习惯的拥趸们所改

Part1　富有的习惯
纪念 J.C. 乔布斯

变的人数，这个数字还在不断上涨。这些人中大部分都过上了很不错的的生活。在遇到J.C.之前，他们绝望、贫穷，身心疲惫。J.C.给他们指出了通往成功之路，他们和他们家人的生活从此得到了改变。在当今这个时代，还没有哪个人单凭一己之力就能帮助这么多人奔向崭新的生活。我绝没有夸大其词。我是J.C.的实验对象之一。45年前的我，一个失败的客户，绝望地问他，"我到底哪里做错了？"从那以后我的人生就永远地被J.C.改变了。"老人从发言稿上抬起头，看着教堂里聚集的人群。他知道，他们有的是J.C.现在的学生，有的是从前的学生。"你们之所以能获得成功，都拜这个伟大的人所赐。"

他不再看着发言稿。

"你们每个人曾经都过着失败的生活，没有存款，没有养老金，交不起大学学费，没有资产，不健康，不快乐，人生灰暗凄迷。财务困境和不良情绪像绕在脖子上的一个锚，拉着你和你的家人不断下坠，直到有一天，有人向你们介绍了这个了不起的人和他的富有的习惯。现在你们开着漂亮的车，住着漂亮的房子，有度假别墅，有退休金，还有花不完的钱。你们健康，幸福，对生活充满激情。你们的孩子和孩子的孩子，他们的未来有保障，他们永远不需要知道什么叫渴望，什么叫需求。他们再也用不着提出这样的问题："我哪里做错了？""

富有的习惯
RICH HABITS

老人拿起发言稿,转过身,用手画了个十字,然后径直走到放着J.C.乔布斯遗体的棺木前。他把双手放在棺木上,微微俯下身,温柔地亲吻了它。人们自觉地纷纷从椅子上站起来,一个接一个,排着队走上前来,亲吻J.C.乔布斯的棺木。

RICH HABITS

Part2
改变习惯,重塑人生

从白手起家到百万富翁,177个普通人的成功秘籍

导　言

　　我用5年时间，对233名富人及128名穷人的日常习惯进行了调查，将得到的结果撰写成书后，便得到了我的最畅销作品《富有的习惯》以及获奖作品《从小培养致富习惯》。《改变习惯，重塑人生》这一卷便以之前的研究结果为基础，进一步介绍获得成功人生最为关键的习惯，以及在习惯改变方面最新的科研进展。并且，在这一卷中，我将首次为读者揭示经多年研究后发现的习惯改变的捷径。

　　无论心中怀着怎样的信念，我们每个人都具备改变生活条件的能力，从籍籍无名到功成名就，从普通百姓到腰缠万贯的富翁，并不是痴人说梦。决定生活品质的绝不是过去或现在所拥有的条件，这些条件是可以改变的，只是我们必须做到以下3点，改变才会发生：

　　1.不断进步（积累技能和知识）。

　　2.专注。

3.坚持。

按照书中介绍的方法，改正自己的习惯，我们会在不知不觉中掌握上述成功人士的必备特质。所谓习惯，是人们长期以来养成的行为方式。好习惯能帮助我们更好地掌握知识和技能，更专注地追求成功。一旦养成了良好的日常习惯，就像开启了自动飞行模式，而终点只有一个，那便是成功。习惯的好处是逐渐积累起来的，每养成一个好习惯，就像为成功增加了一份投资。不妨用"习惯跷跷板"来解释个中道理：跷跷板的一端是富有的习惯，另一端是贫穷的习惯，最重要的是让跷跷板朝正确的方向倾斜，也就是让富有的习惯压住贫穷的习惯。通过控制自己的习惯，我们能变得更加强大，对人生有掌控感。美国芝加哥大学2014年进行的"美国综合社会调查"结果表明，当人们感觉人生的方向由自己把握时，幸福感是最强的。养成好习惯不仅将我们带上通往成功的正轨，也会让我们倍感幸福。自此，我们的人生将朝着越来越好的方向，发生翻天覆地的变化。

第一章　认识习惯

📂 习惯的作用

习惯是有作用的。它可以为大脑减轻负担，节省能量。在习惯的驱使下，我们做事可以不经思考。总的来说，习惯分为三类：下意识的行为、下意识的想法和下意识做出的决定。在人类的大脑中，有一个高尔夫球般大小的区域叫作"基底核"，它负责管理人们的习惯。基底核位于大脑的深处，处于大脑的边缘系统[①]范围内，是控制人们潜意识以及习惯的核心部位。当基底核发出执行某个习惯的指令，大脑中的某些脑细胞便会被激活，于

[①] 边缘系统参与感觉、内脏活动的调节并与情绪、行为、学习和记忆等心理活动密切相关。

Part2　改变习惯，重塑人生
第一章　认识习惯

是人们便开始不自觉地得出某些想法、做出某些行为和决策。在后面的内容中，我会对这个环节进行详细解释。

除非我们逼迫自己去觉察自己的习惯，否则想要改变这些习惯性的动作、想法和行为是永远不可能的。习惯能够成功躲过意识雷达的扫视，是一种非常绝妙的机制。

研究表明，我们有很多习惯来自父母，他们为我们提供了最重要的行为模板。研究还指出，父母对儿童习惯的养成有着决定性的影响，而且大多数幼年时期养成的习惯会伴随我们一生。父母的习惯潜移默化地影响着孩子，而孩子对父母的模仿有着一部分神经学上的原因。在我们的大脑中有一种叫作镜像神经元的结构，其存在的意义便是使婴儿和儿童能够模仿大人的习惯和情绪。镜像神经元原本的功能是帮助史前人类生存，如今已经成为人类进化过程中留下的宝贵遗迹。孩子模仿大人还有一部分是与环境互动的结果。他们总是关注着父母，观察他们的言行举止，长此以往，便不可避免地习得了一些习惯，比如大人命令或鼓励他们所做的一些行为。通过对5万个美国家庭的调查研究，布朗大学新英格兰研究中心儿科心理学项目的主任普莱斯曼博士发现，人类儿时养成的习惯在9岁以后便很难再改变了（《美国家庭疗法杂志》，2014）。

只有当孩子们长大成人后，才可能摆脱早年养成的习惯。而新的习惯则可能在与新的生活环境的互动中、在职业导师的影响下、通过自我提高或从挫败中吸取教训的方式而养成。

  另一项有关习惯的研究则指出，人类40%的日常活动是习惯使然（《习惯新探》，伍德和尼尔，杜克大学，2006）。习惯既包括生理上的，也包括心理上的，我们的生活在无意当中被这些日常习惯所控制。习惯也许枯燥乏味，却是人生成败的秘密所在。生理和心理方面的习惯行为，再加上人们所做的选择，便导致了贫富的产生。那些从父母亲、人生导师或通过挫败中学到好习惯的人会成为佼佼者，他们过着优渥的生活，掌控着世界。他们被万人敬仰，将大部分财富收入囊中，也控制着没能养成好习惯的芸芸众生的生活。我们是住在海滨别墅还是贫民窟，是进账百万还是依靠微薄的薪水勉强度日，我们的孩子是进入顶尖大学深造还是连高中毕业证书都很难拿到，这一切全靠习惯说了算。总而言之，我们以及我们的后代的生活图景全靠习惯来描绘。习惯就是有这么重要。想要改变人生，必须从改变日常习惯做起。

📂 习惯与大脑的关系

从根本上来说,习惯不过是一些特定脑细胞之间频繁互动的结果。互动的频率是其中的关键。当大脑发现某些脑细胞互动非常频繁,便会给这些脑细胞贴上一个"习惯"的标签。属于同一标签下的脑细胞就像迷你电脑一般,与大脑深处的基底核互联互通,形象一点来说,就如同电脑终端连接到互联网一样。我在前文提到过基底核,这个部位仅有高尔夫球大小,却有着多种多样的功能,其中之一便是控制人们的习惯。我们不妨将基底核理解为控制习惯的中心电脑,它的任务之一便是监控习惯的运作。基底核会瞅准机会做以下两项工作:

1. 为某些脑细胞打上"习惯"的标签。
2. 向这些被打上标签的脑细胞发出执行习惯的命令。

当基底核发现可以执行习惯的时机,便会朝我们大脑发出信号:"开始执行习惯!"大脑前叶进一步将指令发出,组成这一习惯的脑细胞便会告诉我们应该怎样做,整个过程就是一个习惯。

为什么大脑会这样运作?习惯对大脑来说为何如此重要?这

是因为习惯可以为我们节省脑力,也就意味减少大脑需要消耗的能量。执行习惯是一个潜意识的行为,我们的大脑基本不需要进行思考。那么为什么节约大脑的能量消耗如此重要?这是因为我们的思考和有意识的行为要消耗大量葡萄糖和氧气。葡萄糖为人体各部分细胞的正常运作提供能量,脑细胞也包括在内。我们吃下的食物要么被转化为葡萄糖,要么储存在脂肪和肌肉内备用。葡萄糖一旦进入细胞内部,便会迅速分解,转化为能量。这一转化过程需要氧气的帮助。人类的大脑虽然不大,只有1.5公斤左右的重量,但它每天消耗的葡萄糖和氧气却占到全身细胞消耗量的20%。人体其他部位可以利用脂肪和肌肉储存葡萄糖,大脑却没有这个功能,所以大脑内部并没有随时可供使用的能量储备。因此葡萄糖对大脑来说非常宝贵,而习惯正是为大脑节省这一宝贵资源的方法。

　　从大脑的角度来看,培养习惯就如同进行投资。在所有习惯养成之初,大脑需要拨出一部分宝贵的能量来进行协助,就像盖房子一样,在盖建的时候耗时耗工,但一旦建成便一劳永逸,只需要不时对其进行维护和保养。人们一旦养成习惯,大脑的这部分工作也就随之结束,只需要不时对习惯加以巩固即可。这个过程非常高效,大脑最喜欢的也是高效。习惯具有高效率和低能耗这两个优点,大脑自然是喜欢养成并鼓励执行习惯的。而且,

Part2　改变习惯，重塑人生
第一章　认识习惯

当我们想放弃或改变某种已经养成的习惯时，大脑还会进行抵制。这就解释了习惯改起来为什么如此艰难——因为有违大脑的意愿。

伦敦大学进行过一个著名的实验，对96名实验对象养成习惯的时间进行了统计。结果表明，养成一个习惯需要的时间从18天到254天不等，平均起来为66天。该实验还发现，对于比较复杂的行为，比如挥动高尔夫球球杆，养成习惯的耗时更久；而教儿童每天刷牙这样较为简单的行为，则仅需要数天。这个实验说明养成习惯的方式方法、难易程度各不相同，对日常生活的影响也有着不同程度的差别。有些习惯的养成对我们的生活影响更大，也就是说，从习惯引起的后果来看，一个强大的习惯可以抵消很多"弱小"习惯带来的效果。比如，抽烟是个坏习惯，它带来的负面影响足以抵消每日锻炼和营养饮食带来的积极影响。

可是，谁又愿意花上254天来养成一个习惯呢？反正我是不愿意的。实话告诉你，这254天会过得很煎熬。所以我们常常在新年伊始信誓旦旦地立下宏图大志，但实际上只能坚持几周，最终还是在大脑的要求下重新拾起固有的老习惯。其实有一些更为简单的方法能帮助我们改变习惯。利用一些手段，我们便可以哄骗自己的大脑，使它热情地接受习惯的改变。不过，若是不懂得这些哄骗大脑的方法，我们就只能在它面前败下阵来，改变习惯便成了不可能完成的任务。

接下来，我要把自己从研究结果中总结的独特技巧分享出来，帮助你成功地骗过大脑，从而改变习惯。运用这些技巧之后，大脑不仅不再与我们针锋相对，甚至还能在引导下接受改变。当大脑与我们协同一致地向习惯发起挑战时，改变就变得指日可待了。改变了习惯，我们的生命也将随之迎来变化，许多让我们苦闷纠结的问题，比如财务问题、情感纠葛、职场烦恼、不良的健康状况等方方面面的烦恼都可能迎刃而解。

习惯会改变人的DNA

日常习惯可能导致人体开启或关闭某种遗传基因，这种现象通常被称为"基因表达"或"表观遗传"。在生命过程中，有的基因被启动，有的基因被关闭，这便形成了基因表达。人体内大约有一百万亿个细胞，每个细胞内有一个细胞核，而存在于每个细胞核内部的便是基因物质。据专家预计，普通人大概有两万多种基因，部分来自母亲，部分来自父亲。

不管你信不信，我们的日常习惯控制着部分基因的开启或关闭（霍华德，《大脑使用手册》，2014）。坏习惯有可能关闭好基因，激活坏基因，这就为诸如癌症、糖尿病、各种成瘾行为、脑损伤、心脏病等疾病敞开了大门。坏习惯会对人们造成各种形式的长期压力，带来许多问题，比如财政问题、失业问题、健康问题等，长期的压力导致人体增加皮质醇的分泌，这是一种在压力状态下为了维持人体正常机能而分泌的激素。而皮质醇会开启一系列的恶性基因，进一步导致心脏病、癌症、免疫系统紊乱等疾病的发生。是不是很像一连串倒下来的多米诺骨牌？

会开启恶性基因的坏习惯有：

◎ 过度饮酒

◎ 滥用药物

◎ 吃太多垃圾食品（饮食不健康）

◎ 缺乏有氧运动

◎ 吃太多糖

◎ 大脑缺乏锻炼（不读书，不学习新的知识和技能）

◎ 负面情绪和负面思维

相反，好习惯则会关闭坏基因，开启好基因。在财务独立、心情愉悦和身体健康的状态下，我们感受到的压力会降低，这便是好习惯带来的影响。这些好习惯及其作用包括：

◎ 坚持每天阅读或学习新技能，能开启提高智商的基因

◎ 坚持每天做有氧运动，能开启预防心脏病、哮喘和其他免疫类疾病的基因

◎ 冥想，能关闭导致各种疾病的坏基因，开启防止这类疾病的好基因

◎ 乐观的思想和情绪，能改变大脑内的化学物质，增加或减少基因信息表达

习惯可以通过改变基因组进而改变DNA，这一点可不仅仅影响到我们自己，因为经过改变的DNA——不论是变好还变糟——可能会遗传给我们的后代。

📁 习惯的形成

在《习惯的力量》一书中，作者查尔斯·杜希格通过出色的研究告诉我们，习惯执行的过程分为"暗示""惯常行为"和

Part2　改变习惯，重塑人生

第一章　认识习惯

"奖赏"三个阶段。"暗示"指的是某种熟悉的环境参照物，它会向基底核发信号：该执行习惯了。这也解释了为什么改变环境对阻断习惯有一定的效果，这一点我们将在后文详谈。受到环境参照物的触发后，基底核会控制并引导人们执行惯常行为，最后等着我们的是一项奖赏。打个比方：你正开着车，车上的几个孩子中有一个嚷嚷道："麦当劳，我要吃麦当劳。"其实他是看见了字母M那两道金色的弧形，便联想到弧形后那栋房子里有美味的麦乐鸡。于是你朝着弧形（暗示）开过去，在麦当劳门口停车（惯常行为），最后孩子们狼吞虎咽地吃起了麦乐鸡（奖赏）。

每个习惯都是在不断重复这一过程。取代金色弧形的可能是一壶咖啡（暗示你该喝咖啡了）、周五完成工作后的惯常消遣（该来点啤酒或葡萄酒了），或是打开电脑（该检查邮件了）。每个习惯都包含一个暗示、一次惯常行为和一份奖赏。

习惯是行为和想法长年累月重复而形成的结果，是普通脑细胞之间不断互动产生的副产品。脑科学家把脑细胞之间的这种接触称为"突触"。脑细胞之间的互动越频繁，突触就变得越强大。形成交流的脑细胞仿佛生长在了一起，而且这种结合往往会维持一生。

脑细胞之间的交流如果多到一定程度，大脑中管理习惯的命令和控制中心——基底核，便会为它们贴上习惯的标签。这么做是为了节约脑力，自然也就能够为大脑节约能量。一旦基底核把某些脑细胞定义为习惯，这些脑细胞就永远都成了习惯，再也无法摆脱这个标签了。结果，如果你无法窥得改变习惯的秘密，这个习惯便会陪伴我们一生一世。在本卷中，我们将告诉你一些非常独特的方法，帮助你哄骗大脑，戒掉那些给人生拖后腿的坏习惯，同时养成能够帮助我们进入另一个层次的好习惯，最终成为人群中顶尖的那5%，享受快乐和成功的人生。

习惯从何而来？

日常生活中的习惯到底是从哪里来的？我敢打赌，你肯定从没好好想过这个问题。习惯不会凭空出现的，它们总有源头。这些源头各种各样，有好有坏，但我们的每一种习惯都是在它们的引导下养成的。习惯主要源自我们的人际交往活动、我们受到的教育、所处的环境和获得的经验。按照对习惯形成影响力从大到小的顺序，我们将这些源头列出如下：

Part2 改变习惯，重塑人生

第一章 认识习惯

- ◎ 父母
- ◎ 导师
- ◎ 非正规教育——阅读
- ◎ 挫败中得来的经验——从错误和失败中吸取教训
- ◎ 正规教育
- ◎ 文化背景
- ◎ 环境
- ◎ 兄弟姐妹
- ◎ 配偶或重要的另一半
- ◎ 朋友
- ◎ 同学
- ◎ 工友
- ◎ 祖父母
- ◎ 姻亲（配偶或重要的另一半的家人）
- ◎ 队友
- ◎ 公众人物——名人、明星和专业运动员

接下来，我们选择对习惯形成有着较大影响力的几种来源，一探究竟。

富有的习惯

RICH HABITS

1.父母

人们在生活中养成最佳习惯和最糟习惯的来源就是父亲和母亲。成人的许多习惯早在孩童时代就已经形成，因为孩子会把父母亲的行为举止看在眼里，然后不加好坏地进行模仿。在我所调查的对象中，不论是白手起家的富翁还是穷人，都从父母那儿获得不少习惯，有的好有的坏，这些习惯将长大成人后的他们引向了通往富有的康庄大道，或通往穷困的泥泞小路，而他们本人对此浑然不觉。在我调查的富人中，有75%从父母那儿学到了对将来的成功有帮助的好习惯。布朗大学近来对5万个美国家庭进行了调查，结论显示，孩子身上的习惯到9岁左右就定型了。既然孩子成人后的许多习惯在儿童时期便通过模仿父母而习得，那么父母便有机会引导孩子走向成功：只需要帮助他们养成好习惯就行了。看看我调查的这些靠自己奋斗发迹的富翁，你就能发现，双亲中的至少有一位将致富的好习惯教给了他们，以下面几位为例：

◎ 沃伦·巴菲特：沃伦·巴菲特的父亲是位证券经纪人，有了父亲的谆谆教导，巴菲特成为全世界鼎鼎大名的价值型投资人也就不足为奇了。

◎ 肯氏三兄弟：约瑟夫·肯尼迪是一位非常成功的政治

Part2　改变习惯，重塑人生
第一章　认识习惯

家，成功培养了三个在政坛赫赫有名的儿子：美国前总统约翰·肯尼迪，担任过参议员、司法部长的鲍勃·肯尼迪和参议员泰迪·肯尼迪。

◎ 肯·小葛瑞菲：肯·小葛瑞菲可以说是有史以来最有天分的棒球运动员，他之所取得巨大的成功，要归功于他的父亲，职业棒球运动员肯·葛瑞菲的教导。

◎ 比尔·贝利奇克：比尔·贝利奇克的父亲为海军学院橄榄球队担任了33年的足球教练。3岁时，比尔便已经坐在父亲的膝盖上观看海军学院队的比赛录像了。

在所有父母培养出成功和富有的孩子的故事中，有一个共同之处，那就是好习惯。这些孩子的出类拔萃并不是偶然的，父母亲当中总有一方或双方都将开启成功人生的好习惯教导给了他们，他们成人后才能在竞争中脱颖而出。对大部分人来说，父母同时也是人生中唯一的导师。说到人生导师，正是我们接下来要讨论的话题。

2.导师

习惯学习来源榜上排名第二的便是导师。在我的研究中，有24%自力更生的富人听从导师的教导，养成了好习惯。在这24%当中，又有多达93%的富翁认为，自己一生所累积的大部分财富

富有的习惯
RICH HABITS

都要归功于从职业规划导师那儿学到的习惯。我采访了233位富翁，他们的流动净资产平均为430万美元。因此可以说，找到一位职业规划导师就像为我们的银行户头存入了一笔巨款。

以下这些赫赫有名的成功人士都有各自的人生导师：

◎ 美国著名演员、主持人奥普拉·温弗莉的人生导师是四年级的老师邓肯夫人。

◎ 柯林·鲍威尔将军的导师是他的父亲卢瑟·鲍威尔。

◎ 美国著名民权运动领袖马丁·路德·金的导师是莫尔豪斯学院大学校长本杰明·E.梅斯。

◎ 美国著名作家亨利·戴维·梭罗的导师是美国思想家爱默生。

◎ 美国政治家约翰·麦凯恩的导师是高中老师兼教练威廉·拉夫纳尔。

◎ 美国著名主持人、记者沃尔特·克朗凯特的导师是高中时期的新闻教师弗雷德·伯尼。

◎ 美国著名歌手葛洛丽亚·伊斯特芬的导师是她的祖母孔苏埃洛·加西亚。

◎ 美国著名女作家、慈善家海伦·凯勒的导师是她的家庭教师安妮·沙利文。

Part2　改变习惯，重塑人生
第一章　认识习惯

◎ 美国著名摇滚歌手鲍勃·迪伦的导师是摇滚歌手伍迪·格思里。

◎ 美国著名黑人音乐家、人权运动社会活动家昆西·琼斯的导师是灵魂歌王雷·查尔斯。

◎ 美国著名演员马丁·希恩的导师是他在三一中学就读时的助理牧师雷夫·阿尔弗莱德·德拉普。

◎ 美国著名黑人男演员、导演丹泽尔·华盛顿的导师是演员、导演西德尼·波蒂埃。

◎ 美国黑人民权社会活动家罗莎·帕克斯的导师是校长艾丽斯·L.怀特。

◎ 美国著名新闻主播汤姆·布罗考的导师是小学老师弗朗西丝·莫罗。

◎ 美国著名专栏作家、电台主持人米奇·阿尔博姆的导师是大学时的教授墨瑞·史瓦兹（作为莫瑞早年的得意门生，米奇在老教授缠绵病榻的14周里，每周二都上门聆听他最后的教诲，并在老师过世后，将这些醒世箴言整理成一本书出版，这就是《相约星期二》。）

◎ 美国著名主持人拉里·金的导师是爱德华·本内特·威廉斯。

◎ 美国著名记者、电视主持人蒂姆·拉瑟特的导师是玛丽·露西尔修女。

◎ 世界著名励志大师杰克·坎菲尔德的导师有克莱门特·斯通、马克·维克多·汉森、珍妮特·斯韦茨、约翰·格雷、鲍勃·普罗克特、吉姆·罗恩和约翰·麦克斯韦尔。

典型案例——杰米·戴蒙和他的导师

杰米·戴蒙是世界上最成功、最具威望的银行家之一。他是传奇银行家桑迪·威尔的得意门生。他们合作之亲密无间，执行的并购案之多，同样堪称业界传奇。戴蒙和威尔之间的关系与一般的"老板加员工"的合作方式有着天壤之别。1983年，时任美国运通公司总裁的桑迪·威尔聘用了一个热情洋溢的年轻人做助理，这就是26岁，刚从哈佛商学院毕业的戴蒙（戴蒙的父亲是一位证券经纪人，当时为威尔工作）。两年后，威尔离开美国运通，戴蒙随之离去。

两人共同谋划了数月之久，研究潜在的商业机会，最终，他们对位于巴尔的摩的一家挣扎求生的商业信贷银行产生了莫大的兴趣。这对搭档接管了这家银行，在其基础上打造起自己的王国。1998年，他们长达十余年的合并行动臻至巅峰，威尔和戴蒙的公司与经济巨擘花旗银行合并，诞生了名为花旗集团的庞大金融帝国。戴蒙从这位睿智的长者身上获益良多，后来还出任美国最大的银行之一摩根大通的CEO。如果能在人生中找到一位职业规划方面的导师，不啻把自己送上了通往成功的快车道。

3.非正规教育——阅读

许多成功人士愿意将自己的成功归于励志类成功学书籍的作家，比如戴尔·卡耐基、厄尔·南丁格尔、奥格·曼迪诺和杰克·坎菲尔德等。微软公司的联合创始人比尔·盖茨就从不掩饰自己对书籍的热爱。盖茨喜欢阅读，也喜欢与通过个人网站"盖茨笔记"中的读书栏目与大家分享自己的阅读经验。他在这个栏目里记录下自己对书籍的评论，也列出自己读过的书和想与全世界分享的书籍。除此之外，比尔和妻子创立的梅琳达盖茨基金还努力将实用的技术带到美国和全世界许多家图书馆。在私生活方面，盖茨家中配备着一所将近200平方米的私人图书馆以及一个带穹顶的阅览室，足以展现他对阅读的热爱。此外，盖茨家中还收藏有一本达·芬奇用过的笔记本，价值约3100万美元。

4.从挫折中得来的经验教训

在接受访问的富人中有51%是企业主，这其中又有27%的人在生意上至少失败过一次。但是，就像凤凰涅槃一般，他们从自己的失败和错误中重新振作起来，虽然失去了财富，却收获了智慧。通过挫折这所学校培养好习惯，也许是一种非常痛苦的方式。初涉商海的时候，我们难免会犯下许多错误，每犯一次错误都要付出时间和金钱为代价。正是时间和金钱的损失，使得这些教训深深铭刻在我们心中。接下来，我们要么对自己的行为和决策做出分析，要么彻底认栽。在经历一次次挫败的过程中，我们便成为自己的导师。许多国际上知名的大公司就是历经重重错误发展到今天的，越是成功的企业家，一路上可能犯下的错误就越多。

什么触发了习惯？

每个习惯都始于一个触发事件，触发事件使得我们的习惯得以启动。前文中我们谈到过基底核，它是习惯的命令和控制中心。基底核总是在我们周遭的环境里寻找触发事件，以启动某个习惯。如同前面所说，执行习惯行为可以为大脑减负，大脑的工作量越小意味着耗能越少，因此，从某种意义上说，基底核算得上是大脑的能量效率管理者，习惯便是它节约能量的工具。某个习惯一旦被触发，我们便开始无意识地执行相应的行为。大部分习惯的触发事件可以分为以下6种：

1.视觉

视觉触发事件仿佛是我们面前竖起的一块色彩斑斓的广告牌，声嘶力竭地怂恿我们执行某项习惯。麦当劳的字母M上大大的弧形就是一个典型的视觉触发的例子，啤酒广告也是其中之一，迷人的美女吃立体脆也是同样的道理。

2.听觉

听见某个声音也能够唤醒一个习惯。闹铃声大作就是一个触发事件，意味着我们应该起床开始新的一天。新邮件提示音是检查邮箱的触发事件，而宝宝的哭闹声会让我们意识到该给他们换尿布或喂食了。

3.时间

我们都有在上午、下午和晚上执行的习惯性行为。早晨起床就是一个触发事件，接下来我们会按部就班地做各种事情：喝咖啡、锻炼、刷牙、洗澡、阅读、冥想、上卫生间等。下午的触发事件则会开启下午的习惯：吃午餐、聊八卦新闻、阅读、上网、打私人电话、网络社交、开会等。夜幕降临，提示我们该执行晚间习惯了：吃晚餐、喝杯葡萄酒、看电视、阅读、打私人电话、健身、钻研自己的爱好、侍弄花草、泡吧等。

4.压力

在压力的迫使下,我们也会开始执行习惯动作。压力让我们的大脑因为消耗太多能量而变得筋疲力尽。为了进行弥补,基底核便会行动起来,督促我们赶快执行某个习惯,好为大脑保存一些能量。

5.人际交往的对象

人际交往的对象也会成为习惯的触发因素。习惯与这个朋友一起去泡吧,与另一个朋友一起锻炼,那个朋友是赌博的伙伴,还有专门一起去打高尔夫、钓鱼、打网球的朋友,等等。见到某个人际交往的对象便可能触发某个习惯,因此我们应该避免与有坏习惯的人在一起,以免被他们触发而染上坏习惯。

6.信念和情绪

我们的信念和情绪也能够触发习惯行为。消极的信念和情绪触发坏习惯,积极的信念和情绪触发好习惯。如果想戒掉一个坏习惯,首先需要将消极的信念清除掉。为了做到这一点,我们首先要做到在引发消极信念的消极情绪出现时有所觉察,然后重新设置自己的一整套信念,把它从消极转换为积极,这样才能阻止接踵而来的坏习惯。

戒除坏习惯的关键之一是意识到开启它们的触发事件。只要能够确定这样的外部触发事件,我们就可能把坏习惯连根拔除。

比如：

坏习惯	触发事件
吃太多快餐	麦当劳的M字母，看电视，吃点心的习惯
抽烟	随手能拿到烟，喝酒，朋友，时间
赌博	广告，开车经过便利店，手机上装有相关APP，朋友
看电视时间太长	时间

要明白是什么触发了我们的习惯行为，首先要觉察自己已有的习惯，以及对应的触发事件。觉察其中的关键，如果没能做到对习惯有所觉察，要改变它们是不可能的。

信念和情绪如何影响习惯？

习惯造就贫富。你相信自己很聪明，你就会很聪明；你相信自己百无一用，你就会百无一用；你相信生命在于享受，你就会享受生命；你相信生命是场战斗，你就会战斗。我们活成什么样子，取决于我们怀有什么样的信念。

潜意识占据了人类大脑80%的处理能力，剩下的20%是大脑的显意识部分。这80%控制着自主神经系统，指挥人的行为，储存习惯，同时也是我们的情绪和信念栖息之地。

每一天，我们的感官都会接收到海量的信息，但大部分并不会被脑前额叶（负责显意识的部分）所拾取。海马体和网状激活系统（通过潜意识发挥作用）会捕捉到这些感官信息，但是不分享给显意识，以免显意识被过量的负荷而压垮，从而导致"关机"（也就是睡眠）。相反，潜意识通过网状激活系统将一部分信息过滤出来，传递给显意识。能被网状激活系统所通过的，只是某些确定和特定的信息。被允许进入显意识的信息分为三种：

1. 与生死存亡有关的信息
2. 与梦想和目标有关的信息
3. 与我们的信念有关的信息

一旦出现涉及生死存亡的问题，显意识会通过感官获得一个威胁信号，并瞬间把信号传递给海马体和杏仁核。如果威胁真实存在，显意识便会在打斗或逃跑过程中遭到"关闭"，大脑边缘系统和脑干（潜意识的一部分）立刻通知控制行为的小脑展开行

Part2　改变习惯，重塑人生

第一章　认识习惯

动。有时候，人们在面对致命伤害时会呈现出"发愣"的状态，这并不是因为过于震惊，而是因为这个人的脑前额叶处于"死机"状态，潜意识正在努力试图掌管大权。

当我们追求自己的梦想和目标时，网状激活系统会将自己收集的某些信息传递给显意识，前提是它认为这些信息有助于我们实现梦想或达成目标。一旦牵涉到梦想和目标，潜意识便会通过直觉或预感的形式与显意识联通起来，我们称其为"脑海里的声音"。

说到信念，网状激活系统会将它认为与我们的信念一致的信息进行分享。信念是那些被潜意识所接受的、情绪化的思想观念。每个信念都是经历一系列情绪化事件后产生的。我们的信念塑造我们的生活方式。如果我们对自己目前的经济状况有所不满，首先要改变的就是自己的信念。信念和情绪在习惯形成的过程中扮演着十分重要的角色。信念形成的方式分为两种：

◎ 通过内部灌输或外部灌输。将自我暗示（内部灌输）视为真理，或是将别人的话视为真理（外部灌输），便形成了信念。

◎ 通过引发强烈情绪的事件形成信念。

富有的习惯
RICH HABITS

我们身边最亲密的人,比如父母、朋友、老师和教练,是我们大部分信念的来源。其中一些信念是由正反馈形成的,一些是负反馈形成的。当别人的反馈引发了我们强烈的积极或消极情绪时,这种反馈会让我们难以忘记。如果收到反馈时体验的情绪非常强烈,就会在当下产生信念,改变我们的行为。比如,我小时候有一次听到大人夸我,说"汤姆将来准能当个很棒的网球运动员",我顿时感到非常自豪。于是我开始苦练网球,夏天每天练7~8小时,冬天则跑到我家地下室,往墙壁上击球。

信念同样会以消极的方式改变我们的行为。"你真是个蠢货,要不是脑袋长脖子上,你准会把脑子也丢了。"我9岁那年,正在气头上的爸爸曾这样说我。对于这句话的一切细节我至今记忆犹新,包括时间、地点以及带给我的感受——我觉得自己真的蠢到家了。这句话引发了强烈的负面情绪,于是它成为我的一个信念。我不再做家庭作业,不认真听老师讲课,也不再参与课堂讨论。做家庭作业、专心听讲、参与讨论有什么意义呢?我这么笨,反正也得不了"A"。这条狭隘的信念导致我痛恨学校,因为学校只会让我联想到"我很蠢"。接受这条狭隘的信念的结果,便是让我养成了不好好学习的习惯,多年来一直如此。

不过,有关信念还有个好消息,那就是不论多么坚定的信念都可以改变。我们不会一辈子都与某条信念绑定在一起。我是在

Part2　改变习惯，重塑人生
第一章　认识习惯

八年级那一年明白这一点的，那一年我遇到了萨默斯夫人。她是我八年级的科学老师，又美丽又善良，班上所有的男孩子都仰慕她，我也不例外。刚上八年级的时候，我的科学考试成绩一次又一次地不及格。在又一次考试不理想之后，萨默斯夫人让我放学后多留一会，她要找我谈话。不幸的是，对我来说，放学后多留一会早就是家常便饭了。我以为又要像往常一样，受到一场针对后进生的斥责和教诲，可是，萨默斯夫人告诉我，她觉得我很聪明，但问题是我自己不相信自己。她说她相信我，而且她相信只要我愿意，下次考试就能拿最高分。实际上，萨默斯夫人对我说的是，她相信我会在下次考试中拿到满分。

我至今还记得，那天在乘公交车回家的路上，我满脑子都想着怎样为3天后的科学考试做准备。为了那次该死的考试，整整3个晚上我都在埋头学习。对于我来说，这简直就是破天荒的事。接下来发生的事让我对那3个夜晚至今记忆犹新。萨默斯夫人把考试结果发给了我，上面是一个硕大的黑色数字"99"。我考了全班第二名。在我的记忆里，这还是第一次考99分。接下来，萨默斯夫人让我站在全班同学面前，花了将近一个小时，告诉大家我有多聪明。我得意极了，不仅是因为拿了第二名，更是因为萨默斯夫人的这番评价，那种感觉直到今天我仍然无法忘记。我想原来自己挺聪明的。萨默斯夫人之所以能够击碎我的消极信念，

富有的习惯
RICH HABITS

是因为在考了个好成绩之后，我感受了这样强烈的情绪。萨默斯夫人如此小题大做，当着全班同学的面极力夸奖我，因此才让我有这样的感受。她的那番话说到了我的心坎里，引发了我崭新的情绪，也可以称之为信念，因此永远改变了我的人生。发生这一切仅仅需要3天时间。

在整个八年级，我的成绩一直稳定在"B+"的水平，后来我便上了高中和大学。我甚至通过了注册会计师考试，拿到了税务方面的硕士学位，并且第一次参加长达10小时的注册理财规划师考试就获得了通过。相信自己很聪明，这个崭新的信念改变了我余生的学习习惯。

我们的日常习惯是由信念决定的。如果你相信自己聪明，就会养成好的学习习惯和听课习惯，如果认为自己很笨，自然就会形成糟糕的学习习惯和听课习惯。大脑一旦接受某个信念，便会围绕它建立习惯，以此来提高行为和活动的效率。如果你的日常习惯很糟糕，原因是因为你具有负面而狭隘的信念，如果你养成了良好的日常习惯，则是因为受到强大而积极的信念所驱动。

不论是父母、老师、还是公司经理，所有手中握有权力的人都有帮助他们的孩子、学生或员工改变负面信念和坏习惯的能力。我们应该尽自己所能，鼓励我们生活中的每一个人，因为简

Part2　改变习惯，重塑人生
第一章　认识习惯

单地改变一个人的信念，就能帮助他永远戒除不良的日常习惯，进而改变他的一生。

以下是一些可能对行为产生限制作用的信念，它们会催生坏习惯，让我们陷入生活的泥沼无法自拔：

◎ 穷人命里注定是穷人。

◎ 我永远只能在温饱线上挣扎，没有出头之日了。

◎ 富人走好运，穷人倒大霉。

◎ 我不聪明。

◎ 我很丑。

◎ 我挣的钱永远也不够用。

◎ 我什么也做不好，干啥啥不行。

◎ 人人都不喜欢我。

◎ 我做事毫无条理，也没有自制力。

◎ 我在（请你填入内容，比如学习，工作，做饭，阅读，人际关系，数学，科学，记事情等）方面不太擅长。

◎ 因为我减不了肥，所以很胖。

上面每一条限制我们行为的信念都如同一个迷你电脑程序，会让我们活得越来越消极。这些狭隘的信念塑造了我们的生活。

如果你有所不满，想要改变生活境况，就要把这些消极信念换成积极向上的信念。我们真的可以做到。只要掌握有效的策略，就能为我们的潜意识重新进行"编程"，过上焕然一新的生活。如果能按照这些方法做上30天，新的信念就会屹立不倒，消极的思维方式也会随之转变为积极的思维方式。

练习：来自未来的信

给自己写一封来自未来的信是件特别好玩的事，它要求我们尽情发挥想象力，而且在完成之后，我们会更懂得欣赏自己。孩子们特别喜欢这个练习，因为他们恰好处在最喜欢发挥想象力的年龄。具体做法是这样的：想象着现在是距今5年、10年、20年或若干年之后，在这里用5年为例。想象着现在是5年后，你要给现在的自己写封信，说说5年后的自己过得怎么样。在理想的状态下，你希望自己5年后过上什么样的生活呢？请你为自己5年后的生活描绘一幅图景，一副完美而理想的生活图景——就是那种，假如我们会魔法，马上就想变出来的生活图景。在信里写一写自己生活在哪个城市，住在什么样的房子里，开什么样的车，做什么工作，挣多少钱；写一写你在这5年里做了些什么，特别是达到了哪些目标，实现了什么梦想。这封来自未来的信便是你为自己所定义的"完美生活蓝图"。

练习：给自己写讣告

这项练习逼迫我们审视自己当下的生活，同时也会给我们一次机会，重新设计自己的未来。我们会希望自己的讣告中说些什么？希望这个世界怎样记住自己？把自己希望能够完成的伟大梦想一一列出来，不要省略任何内容。看到这份讣告时，连我们自己也会对这样的一生感到敬畏。不要担心过于夸大，只要描绘自己的伟大之处，描绘出自己光辉的一生就好。这份讣告与来自未来的信一样，也会成为一幅崭新而辉煌的生活蓝图。

练习：列出梦想和心愿清单

将来自未来的信和讣告中提到的心愿和梦想一一列出来，然后进行精简：未来5年内最想实现的心愿和梦想是什么？在后文中将详细解释这项练习的具体做法。

练习：设定目标

只有通过一个个目标，梦想才能变为现实。不过，我们必须在找到自己的心愿和梦想之后，才能开始设定目标。在我的调研中，55%的富翁都围绕自己的心愿和梦想设立了目标。同样，在后文中将详细解释这项练习的具体做法。

第二章　习惯的种类

📁 核心习惯和普通习惯

习惯分为两种：

1. 普通习惯
2. 核心习惯

普通习惯是简单、基本而分散的习惯：早上起床的时间、上班的路线、拿叉子的方式等。核心习惯是比较特别的习惯。之所以特别，是因为它们会对普通习惯产生影响。核心习惯就像吃豆人游戏中的吃豆人，它们到处搜寻普通习惯并且把它们"吃掉"。培养核心习惯是习惯发生巨大改变的关键所在。举个

Part2　改变习惯，重塑人生

第二章　习惯的种类

例子：

　　新年伊始，超重大约23公斤的你下定决心要减肥。有位喜欢跑步的好朋友告诉你跑步减肥很有效果，于是你决定开始跑步（核心习惯）。你本来很讨厌跑步，不过坚持一段时间后，体重减轻了7公斤。有天晚上去参加聚会时，一个熟人夸奖了你，说你的身材苗条，魅力十足。那晚回家的时候，你的心情非常愉悦，仿佛整个人都飘了起来。第二天早上，你决定少吃垃圾食品（普通习惯），再也不吃得太饱（普通习惯）。你想变得更苗条，所以决定更努力地跑步，还决定少抽烟（普通习惯）。虽然仅仅养成了跑步这么一个核心习惯，但随之一连串的连锁反应却使得你改掉了3种普通习惯：吃垃圾食品、吃得过饱和抽烟。这就是核心习惯的独特性和力量所在。

📂 习惯的影响

　　每种习惯都会产生后果。习惯为我们带来幸福或悲伤、财富或贫穷、健康或疾病，决定我们的寿命，改变我们的智商，而智商又会进一步影响到我们的人际关系、职场表现、运动技能、情绪和生活的整体状态。在这一章里，我们就来探究一下几种习惯的主要影响。

1.习惯带来快乐

只有快乐的人才知道快乐有多好。从定义上来说，快乐是指人们长时间一直保持积极情绪，同时不带有任何消极情绪的状态。当一个或多个神经元（即脑细胞）之间互相传递信息时，会分泌一种叫作神经介质的化学物质。多巴胺就是快乐的神经介质，它是大脑产生的60种神经介质之一。当神经元释放多巴胺时，我们就感受到一种被称之为快乐的感觉。如果多巴胺水平处于一定的基准线以下，我们便会感到难过。

如果多巴胺水平一连数天都低于基准线，我们就把这种状态称之为抑郁。

抑郁会摧毁我们的身体健康，同时引起精神不振、行为疏懒和缺乏创造力等后果。处于抑郁状态下的人会表现出许多消极行为，比如：我们可能会退缩和回避，可能随时准备斗争或逃跑，可能极度焦虑，无精打采，甚至对世间一切事物都失去兴趣。在这种状态下，我们等于把自己与整个世界隔绝开来，不再参与任何活动。你是否知道，根据美国疾病控制中心和世界卫生组织的调查结果，全世界有7%~9%的人深受抑郁之苦？没错，抑郁是一种广泛存在的常见病症，每年都有数亿人的生活受到它的影响。

因此，进行身体和精神上的习惯性活动，保持或提升我们的多巴胺水平，防止悲伤和抑郁摧毁我们的生活，是件很重要的事。

哪些活动能够提升多巴胺水平，克服悲伤和抑郁呢？

日常锻炼：运动是人类的天性，进行体育运动会引发人体内的一系列化学反应。在后文中将详细解释有关锻炼的重要性。

日常学习：学习同样是人类的天性。大脑喜欢新事物，与生俱来的好奇心正是人类当中产生了众多探险家和发明家的原因。大脑很喜欢被用来学习新事物的感觉。在学习新知识时，大脑会释放出多巴胺和血清素等神经介质，以及脑源性神经营养因子。脑源性神经因子是一种蛋白质，也是一种神经生长因子，其作用是给脑细胞"施肥"，促进脑细胞的生长。这些快乐的化学物质是大脑给我们的奖赏，因为我们对脑细胞的成长有功。每天坚持读书学习会给我们带来极大的快乐和满足。

建立良好的人际关系：人际间的交往对于快乐是必不可少的。在高质量的陪伴下，当置身于积极乐观的人群之中时，我们的多巴胺和后叶催产素（另外一种效力强大的能够带来快乐的神经介质）水平会有所上升。独自一人或与消极悲观的人在一起则会减少多巴胺和后叶催产素的分泌，更糟糕的是，这样的人际关系会给我们带来压力，进一步抑制免疫系统。免疫系统一旦受到抑制，我们对于感冒和传染病的抵御能力便随之降低，各种致癌基因也有可能被开启。所以，养成与快乐的人交往的习惯能让我们变得快乐和健康。

培养积极的心态：许多研究表明，培养积极向上的乐观心态会让人们更快乐，并且更容易在学校、运动和职场上取得成功。怎样才能培养积极的心态呢？不妨在新的一天开始时花5分钟做一次冥想。冥想帮助我们降低压力，修复压力引起的精神损害。进行冥想时，大脑会释放健康的神经化学物质，比如血清素、多巴胺和内啡肽。是否听着有些耳熟？这些化学物质会引发积极情绪，并且产生愉快和快乐的感觉。在冥想时，血压会下降，副交感神经系统受到激活，对我们的消化功能进行调节。每天做5~20分钟的冥想效果会比较明显。具体该怎样做呢？冥想的种类很多，我们应该尽量选择做起来比较简单方便的。

练习：培养积极的心态

闭上眼睛，从数字1数到100。让每个数字在脑海中浮现。让所有思绪像行驶在铁轨上的车厢一样从脑海中穿过。

数到100后，开始想象自己理想中的完美生活。在脑海中描绘出自己已经过上了这样完美的生活，想象着完美的家人、朋友、工作和居所。想象所有令自己忧心的经济问题消失无踪，所有的目标和梦想都被实现。每天练习两次为宜，醒来时一次，入睡前一次。通过这项练习，能够缓解压力带来的生理影响，我们在面对日常工作和事务时，也能做到思虑更周全，处理更得当。

此外还有其他一些能够锻炼积极心态的习惯，比如阅读励志书籍、正面肯定和冥想（包括回顾自己的"心愿清单"和"完美生活蓝图"）。这些日常活动都可以帮助我们形成积极的心态，而且多巴胺会水平也会随之升高。

2.习惯带来财务成功

从白手起家一路奋斗到大富豪是需要时间的。在我的研究中，有80%靠自己打拼发迹的富豪是在50岁后才事业有成的。在打拼的过程中，他们掌握了有关储蓄和消费的秘密。他们或是遇到贵人，或是读了某一本书，又或是看了某个电视节目或收听了某个电台节目，从而开始养成与这些秘密有关的习惯。大部分普通人从没听说过这些习惯，在退休后过着捉襟见肘的晚年生活。但你不会这样——因为你已经决定把自己的时间和金钱投资在这本书上。我会让你的投资物超所值。实际上，哪怕从本书中只学到下面马上要介绍的这些技巧，你也已经赚到了：全世界只有不到1%的人掌握这些技巧。这1%的人，据美国国税局最新的数据显示，是由年收入超过43万美元的人组成的。所以，还是让我们一探究竟：到底有哪些与储蓄和消费有关的习惯是我们应该留意的呢？

储蓄桶策略： 白手起家的富翁都有储蓄的习惯。年轻的时候储蓄越多，积累的财富也就越多。通过对这些富翁的研究，我发现他们在尚未成发家之前就设立了将收入的10%~20%进行储蓄的目标。而且，在研究过程中，我发现了一个非常独特的储蓄习惯，在它的帮助下，有175个普通人成长为大富豪。我把它称为"储蓄桶策略"。设立"储蓄桶"需要三个步骤：

第一步： 设立4个不同的储蓄桶，分别用来放置不同种类的储蓄。

1号储蓄桶： 退休储备桶。这个桶里应该有401（K）退休计划账户[①]（也可以是个人退休账户，或为退休后生活安排的其他储蓄产品，比如养老保险等）。

2号储蓄桶： 专项支出桶。这个桶里应该有一个独立的活期存款账户（也可以是储蓄账户、货币市场账户、教育金储蓄账

[①] 401k退休计划也称401K条款，始于20世纪80年代初的美国，是一种由雇员、雇主共同缴费建立起来的完全基金式的养老保险制度，在20世纪90年代迅速发展，逐渐取代了传统的社会保障体系，成为美国诸多雇主首选的社会保障计划。

户，比如529计划账户①等），为未来的大笔支出做准备，比如自己或孩子的教育支出、婚礼费用、生育后代的费用、房子的首付等。

3号储蓄桶：意外支出桶。这个桶里应该有一个独立的活期存款账户（也可以是储蓄账户、货币市场账户等），为突发性支出做准备，比如婚礼礼物、医疗支出、（由于事业、健康问题或生育而导致的）突然失去收入时的应急支出。

4号储蓄桶：周期性支出桶。这个桶里应该有一个独立的活期存款账户（也可以是储蓄账户、货币市场账户等），为定期发生的支出做准备，比如购买生日礼物、节日消费、假日消费、返校支出等。

也就是说，除了最主要的账户之外，我们还需要设立至少一个退休账户和另外3个不同的银行账户（2号、3号、4号储蓄桶各一个）。如果你正在为自己或孩子存储教育经费，可能需要设立一个529计划账户。

第二步：制定储蓄目标。

为了让储蓄桶发挥作用，我们必须确定从每月收入中能拨出

---

① 529计划是美国于1996年开始为父母设计的子女教育储蓄计划，529是指IRS Code 529，最大的好处是可以节税。一般中产家庭若注重子女教育都会采用。

多少作为储蓄金额（比如净收入的10%），然后再将这10%到分配到每个储蓄桶里，举例如下：

◎ 5%（总储蓄额的50%）存入1号桶（退休储备）
◎ 2%（总储蓄额的20%）存入2号桶（专项支出）
◎ 1.5%（总储蓄额的15%）存入3号桶（意外支出）
◎ 1.5%（总储蓄额的15%）存入4号桶（周期性支出）

第三步：设定自动化的储蓄过程。

一切准备就绪，到了储蓄的最后落实阶段：每月将设定好的各类储蓄金额自动划拨到每个储蓄桶对应的独立账户中。你可能需要告知给自己发放薪水的公司，为这四个"储蓄桶"（对应的账户）设定自动拨款，以便每一种储蓄金额按时自动存入各个账户。时间一长，每个账户里的存款便会渐渐积少成多。

就是这样。相当简单，不是吗？"可是我没那么多钱可存"，你可能会这么说。好吧，我正是来帮助你解决这个问题的。现在，我就透露几个削减开支的小窍门，希望能够帮助你省出足够的钱进行储蓄。

如果花的比挣的还多，我们的财政状况永远也不可能有所改善。以下是10种帮助我们管理支出、增加储蓄的方式：

❶ **记账**：我喜欢把这一招叫作"支出诊断"。知道钱花在哪里，我们才会对自己的财务状况有个全盘的了解。你也许会发现自己买了一些没什么意义的东西，比如缴纳某个俱乐部的会费之类的。

❷ **定期审查支出**：许多支出会随着时间的推移而发生变动，比如保费可能随着时间的流逝而增加或减少，所以，不论是车险还是人身保险，都要确保我们支付的保险费用是最低的。有线电视和上网的费用也可能在不知不觉中被提高，不妨打电话给你的有线电视或网络服务供应商，确保自己缴纳的是最低的费用，而且，每年都应该进行一次确认。在激烈的行业竞争之下，手机的套餐费用常常会下降，所以应该定期选择新的套餐，确保自己不会花冤枉钱。

❸ **购买优质二手车**：新车的热度一旦过去就会很快大幅降价，我们不妨充分利用汽车行业这种见怪不怪的价格差，买一辆优质的二手车。在我的研究中，44%的富人都买过优质二手车，特别是租约到期的二手车，这些车的车龄可能是2~3年。基本上，行驶里程超过20万公里的车需要每年进行大修，如果坚持购买超过这个里程数的车，你可能每年要花费1500美元的维修费用，不过相比较而言，仍然比贷款或租用一辆新车花的钱要少得多。

富有的习惯

RICH HABITS

❹ **按揭贷款及住房净值贷款①再融资②**：你可否缩减按揭贷款成本？你是否有可合入新按揭贷款的高息房屋净值贷款？你是否有可合入新按揭贷款的学生贷款？

❺ **使用优惠券**：在我的调研中，利用这个方法省钱的富人不在少数，他们当中有33%的人使用优惠券买过食物。所以，为什么买日用品或是别的东西时要花冤枉钱呢？

❻ **去二手店买衣服**：许多二手店都有质量上乘的服装。虽然我们可能得再花个几块钱为买来的衣服做些缝纫活，但已经很值了。别让自尊心成为拦路虎。在我的研究对象中，有30%的富人从二手店里买过衣服，他们可不会因为担心自尊受损而充当冤大头。

❼ **换个小房子住**：对大部分人来说，家或公寓都是支出预算中花费最大的部分。如果能换个小一些、便宜一些的房子，会在利息、税收和每年的维护费用上帮我们省下好几千美元。将与房子有关的费用保持在不高于我们每月净收入的30%的水平是比较适宜的。

---

① 是指已在银行办理个人住房贷款的借款人，将抵押给银行的个人住房出售或转让给第三人而申请办理个人住房贷款变更借款人的贷款。

② 是一种由二次抵押品抵押的消费者贷款，允许房主以房屋权益做抵押，可用于消费也可用于投资，是目标开放性贷款。

❽ **购买廉价商品**：有太多的人因为冲动购物而花了大笔大笔的冤枉钱，冲动购物是一个贫穷的习惯。买廉价商品，并且充分利用促销活动做有计划的购物（生活必需品），则是相当精明的消费习惯。

❾ **坚持自备酒水**：也许在你生活的地方附近有些餐馆不卖任何含酒精的饮料、啤酒或葡萄酒，因此会允许我们自备酒水。餐馆售卖酒水时，往往会在原价格的基础上翻上一番，所以如果你家附近没有允许自带酒水的餐馆，不妨在去下馆子之前或回家后舒舒服服地喝上一杯。

❿ **分时使用度假房**：事情是这样的，那些分时度假房的销售人员为了说服我们购买他们房子的时段，往往会抛出非常优惠的、3~5天的假期折扣价，而我们唯一要做的就是耐着性子听完2~3小时的销售宣传。这当然是件相当烦人的事，但是能让我们的度假费用实实在在地降低50%甚至更多。想一想，忍着不耐烦听完2~3小时宣传竟然值1000美元，难道不值得一试吗？

以下是有关日常开销的几条原则：

◎ **先付钱给自己**：在付钱给别人之前，先把净收入的10%~20%存进银行。

◎ **千万不要用信用卡为日常生活的支出买单**：如果我们

的收入无法满足自己的日常生活支出，从而不得不求助信用卡，这就是典型的"入不敷出"。信用卡债务的积累是导致人们破产的第三大主要因素，位于前两位的分别是失业和医疗支出。

◎ 与住房相关的支出不超过净收入的30%。住房支出包括租赁、分期付款、不动产税、水电气、保险以及修理和维护费用。

◎ 购买食物的支出不超过净收入的15%。这一项包括在超市购买的食物，但是不包括任何预制食物。预制食物支出应该列入娱乐费用中。

◎ 与娱乐和礼物相关的支出不超过净收入的10%。这一项包括泡吧、去餐馆吃饭、看电影、听音乐、看书和购买礼物等。外出就餐和购买预制食物都属于娱乐项目的一部分。

◎ 与汽车相关的支出不超过净收入的5%。汽车相关支出包括租赁、分期付款、保险、汽油费、过路费、登记费、修理和维护费用等。

◎ 度假支出不超过净收入的5%。

◎ 不要赌博。如果打算参加赌博，应该从娱乐费用里支出。

◎ 购买礼物要有度。礼物是娱乐和礼物预算中的一部分。只要保持娱乐支出预算不超过收入的10%,就能防止我们购买过于昂贵的礼物。

◎ 购买衣物的支出不超过净收入的5%。在我的调研对象中,有许多有钱人在二手店或寄售商店购买衣物,这是一个富有的习惯。这种商店销售的服饰普遍质量较高,而且折扣非常可观。虽然这些衣物可能要花点钱找裁缝进行修补,但总的来说还是相当划算的。

◎ 避免冲动购物——冲动是魔鬼。我们必须把"冲动"从自己的消费习惯里彻底根除。我们花掉的是自己辛辛苦苦挣来的钱,怎么可能找不到时间先做个购物计划呢?只有先做好计划再去购物,才对得起被我们花掉的辛苦钱。

养成做预算的习惯,把以上提到的各类消费行为都考虑在内,同时也要养成将所有支出记录在案的习惯。只要坚持保持30天,当我们看明白自己的实际支出时,一定会大吃一惊。实际上花的钱数和我们想象中的数目完全不是一回事。看到自己在有些方面竟然那么大手大脚,我们会被吓一大跳的。不过这是件好事。控制自己的消费并不容易,不过当这种自控成为日常习惯后,就变得简单多了。良好的储蓄和消费模式一旦形成,我们便永远也不会捉襟见肘、衣食无着,而且我们会开始存钱,渐渐朝着经济独立的方向前进。

相当神奇，不是吗？掌握知识后我们便充满力量，能够改变自己的生活。不过，到目前为止所介绍的内容只能算是餐前小菜而已，接下来将要与你分享的理念可能会颠覆你的观念，同时带你走上成功和幸福之路。

3.习惯带来健康

身体健康才能长寿，才能过上健康、积极、充满活力的生活。以下是能为我们带来健康的一些习惯：

坚持每天锻炼：锻炼身体能促进一种叫作内啡肽的激素的释放，以及两种效力强劲的神经介质——多巴胺和血清素的释放。这些化学物质协同作用，能够将我们的负面情绪转变为正面情绪。如果坚持每天锻炼身体，抑郁便很难再找上我们。锻炼身体还能缓解压力。跑步、慢跑、健走、骑车、举重等运动能够让我们保持健康、快乐、精力充沛。当我们感觉到压力时，身体便会发生一系列的生理连锁反应。当压力袭来，下丘脑会增加肾上腺素和去甲肾上腺素的分泌，这些激素使得我们心跳加快，随时准备战斗或逃跑。如果压力持续下去，位于10号染色体上的一个基因——CYP17，便会被激活，它的作用是将胆固醇转化为皮质醇。不幸的是，皮质醇的副作用之一就是减少淋巴细胞的数量，从而抑制我们的免疫系统。基因CYP17还会开启另外一种叫作TCF的基因，这种基因抑制一种叫作白细胞介素-2的蛋白质的产生，而这种蛋白质的作用是提醒白细胞提高警戒。白细胞是我们体内最主要的防御病毒、疾病、细菌和任何对身体有害的寄生虫的细胞。所以，长期处于压力之中会让我们更易受到疾病的侵害。而坚持锻炼身体则能够迅速停止皮质醇的转化过程，进而减少压力。

健康饮食：养成每天多吃营养食品、少吃垃圾食品、控制饮酒的习惯，能够提高我们的健康水平，为身体提供充足的蛋白质，维持"好"胆固醇和"坏"胆固醇之间的平衡，降低血糖水平，避免发胖。不妨适量补充营养素，比如维生素D3能增强免疫系统。有多项研究表明，姜黄根粉能够有效预防癌症。维生素E和维生素C号称"自由基海绵"，它们擅长清除细胞中有毒的自由基。当失去控制的自由基与人体内细胞的细胞核中所含DNA碰撞时，会损害细胞壁，造成基因变异。基因变异就会造成癌症。均衡饮食，保持每天摄入的热量不高于2000卡路里，有助于减少脂肪的堆积，维护身体健康。脂肪会在人体内储存毒素，因此减少脂肪便意味着减少毒素。

如果不确定自己是否吃得太多，有个简单的方法可以帮助我们进行测算：将每天吃的食物记录下来，坚持30天，换算成摄入热量的总数，一定会让你大开眼界。你可能觉得自己并没有吃多少，但是记录在案的实际食品消耗量却远不是我们想象中的数值。在本书的最后附有一份富有的习惯记录表。做记录能帮助我们看清楚自己每天消耗了多少垃圾食品。在理想状态下，我们需要控制每天摄入的垃圾食品不超过300卡路里，应该养成多吃鱼、蔬菜、沙拉以及健康的肉类——比如鸡肉和火鸡肉的习惯，不吃或少吃不健康的肉，比如火腿、培根、热狗和香肠。不健康的肉会损害我们的心血管系统，增加不良胆固醇和脂肪的积累，并且产生过多的热量。另一方面，虽然有机食物的价格一般较高，但是它们不含杀虫剂，并且没有经过基因改造，而杀虫剂是一种致癌物（引起癌症的化学品）。

4.习惯让我们变得更聪明

在过去的十年间，研究大脑的神经科学已经完全改变了人们对大脑工作方式的理解。我们知道，大脑每天都在改变。我们的一生都有"重塑"大脑（也叫作"神经重构"）的机会，哪怕到80岁高龄都没问题。我们也知道，海马体每天产生数千个新的神经元（这个过程称为"神经形成"）。通过科学研究和基因组图谱的建立，我们发现，不论在人生的任何阶段，只要开启某些基因就能提升我们的智力。也就是说，一个人的智力并非永远不变。也许你在17岁那年是一个智商为100，考试得"C"的学生，但这不意味着你永远只能保持这样的智商水平。提高智商这件事，我们一辈子当中的任何时候都可以实现。

白手起家的富人们通过一些日常习惯不断地提高自己的脑力，增长智慧。通过这些习惯，能够提高和增强已有的神经元连接，同时创建全新的连接，从而提高大脑的质量。我们来看看这些富翁是通过哪些行为提高脑力的。

日常学习：每当我们学习新知识的时候，便等于在重塑自己的大脑。在这个过程中，要动用新的神经元，神经元之间要彼此进行接触（进行接触的部位被称为"突触"）。通过学习建立了新的神经元通路后，我们的大脑扩容了，智慧也随之增长。在我的研究中，有88%的富人早在事业有成之前就养成了每天花上至少30分钟读书自学的习惯。这项习惯看似简单，却有效地帮助他们提升了认知能力，对他们日后的成功大有裨益。

坚持每天进行有氧运动：有氧运动使得我们的血管里充满氧气，这些氧气最终会流入大脑，就像海绵一样吸收大脑里的自由基（自由基可能引发癌症），并且将其转换为二氧化碳。血液再将这些二氧化碳输送到肺部，通过呼气的动作把这些废物排出体外。我们锻炼的时间越长，就会吸收进越多的氧气，于是就有更多的自由基被"氧气海绵"所吸收。有氧锻炼还能够降低导致肥胖、心脏病、高血压、2型糖尿病、中风和某些种类的癌症的风险。每天20~30分钟的有氧锻炼能够刺激神经元的轴突和轴突侧枝的生长，这已经是为科学所证实的结论。

近来的神经学研究已经发现，脑神经轴突和轴突侧枝的数量和人们的智商之间是有关联的：轴突和轴突侧枝越多的人越聪明。有氧运动还能促进神经营养因子或神经生长因子的释放。神经生长因子刺激神经元的生长，并且在每个神经元周围布满一层健康的膜（即髓鞘），同时促进神经元之间的突触传递。神经元之间的突触传递越多，记性就越好，记忆也越容易被唤起。所以，坚持每天进行有氧运动能够为大脑提供补给、清洁大脑以及提高智商。有氧运动还会促进高密度胆固醇脂蛋白（俗称"好胆固醇"）的合成，同时减少人体内的低密度质蛋白胆固醇（俗称"坏胆固醇"）。结果呢？血管中的堆积物自然就减少了。研究表明，经常进行有氧运动的人比较少锻炼的人更长寿。健康的人生病的时间少，精力更旺盛，这意味着他们工作起来效率更高，而高效率的工作便意味着对自己所属的组织、客户或消费者更有价值，最终我们能赚取更多的财富。长期承受压力会令免疫系统抵御病毒、疾病、细菌和寄生虫的能力受到损害。有氧锻炼让全身充满氧气，增加的氧气能够缓解压力对身体造成的影响，因此可以说，有氧运动就像棒球比赛中的一记二垒安打，既能减少压力带来的影响，也能缓解压力本身。

适量饮酒：我们的肝脏每小时能够处理约56克酒精（大约每

Part2 改变习惯，重塑人生

第二章 习惯的种类

小时处理两杯0.6千克的啤酒），超过这个标准的酒精都会进入血管，最后被带到我们的大脑。进入大脑的酒精会渗入突触的谷氨酸受体内，损坏神经元发射信号的能力。频繁过量饮酒会对这些受体造成长期伤害，使得记忆能力和驾驶能力永久受损。在我所研究的富人当中，有84%的人每天饮酒少于56克。这难道是巧合吗？我可不这么想。有节制地饮酒对于保持他们大脑的健康和成长功不可没。

睡个好觉：在我研究的富人当中，89%的人每晚平均睡眠时间为7小时以上。睡眠为何对大脑的正常工作如此重要？我们每天晚上的睡眠都要经历4~6个睡眠周期，每个周期持续大约90分钟。每个周期又分为5个不同的睡眠阶段：入睡期（脑电波以alpha波为主），浅睡期（脑电波以theta波为主），深睡期（脑电波以delta波为主），快速眼动期（英文缩写为REM），然后回到浅睡期。在每个睡眠循环中，前三个阶段（入睡、浅睡和深睡期）共持续65分钟，快速眼动期持续20分钟，最后一个睡眠阶段——浅睡期，为5分钟。每晚睡眠时间的完整周期数比睡眠总时数更重要。在理想状态下，我们每晚应该保持5个睡眠周期，如果少于4个，就会对我们的健康产生负面影响。快速眼动期的睡眠特别重要，因为它主要的功能是进行长期记忆存储。在睡眠的快速眼动期，我们白天学习的内容会被转移到海马体内。如果不能保证每天晚上至少4个为期90分钟的睡眠周期，长期记忆存储功能就会受损。学习一项新知识或新技能之后，当天晚上保证至少4个完整的睡眠周期，就能把新的知识技能锁定在大脑之中。可是，如果白天学习之后，晚上的睡眠周期不足4个，学过的内容就不会留下任何痕迹。所以，睡眠能够帮助我们记忆白天学习的内容。

尝试新事物：每当我们尝试一项新事物，并且反复进行练习时，我们的大脑都会有所成长。如果定期重复这些活动，彼此交流的神经元之间渐渐会形成一个永久的神经通路，大脑的潜力便得到了进一步的发掘。美国国家衰老研究所的研究显示，接触新事物对于老年人而言尤为重要，因为它有助于保持脑细胞的活跃程度，预防大脑，特别是脑前额叶的萎缩。如果希望自己的大脑能够"生长"，就应该尝试新的活动，并且不断练习，直到掌握这项技能为止，这可能需要花上18~254天不等的时间。从接触新事物升级为掌握新技能后，大脑质量便会有所增加，我们的思维也能够保持活跃状态，大脑将会更加健康。

每周至少3次重量训练：神经干细胞（新生的脑细胞）诞生于海马体内，然后分化为神经细胞或是神经胶质细胞（具有支持和滋养神经元的作用）。神经细胞从海马体来到齿状回，它充当着发布命令的交警的作用，派遣干细胞赶赴大脑中各个指定区域。主动进行重量训练能够促进海马体产生更多神经干细胞，因为通过负重训练，会将血液中的氧气输送到大脑，举起的重量越大，血流量就越高，为大脑输送的葡萄糖（大脑燃料）和氧气（能够像海绵一样将大脑中的自由基吸收，帮助清洁大脑）也就越多。重量训练也能够促进海马体内脑源性神经营养因子的产生，就像为大脑施肥，帮助它产生更多的神经细胞。

脑源性神经营养因子同样有助于提高脑细胞的健康状况和大小。通过促进新的脑细胞的产生，同时对已有脑细胞进行维护，重量训练就这样为我们大脑的成长做出了贡献。每个脑细胞都有一个轴突和多个树突，当脑细胞的轴突和其他脑细胞的树突连接在一起，便形成了"突触"。一个人大脑中的轴突和突触越多，就越聪明。重量训练能够刺激轴突的生长，有助于进一步提高突触活性。根据南非金山大学健康科学系教授保罗·曼格教授和基尔大学医学院韦尔科姆基金会桑格研究所的神经科学家塞斯·格兰特表示，一切能够增加轴突、脑细胞和突触的数量的活动，都能让我们变得更聪明。

5.建立高效的人际关系

自力更生，白手起家的富人对于交往的对象是很讲究的，他们更愿意与那些具有成功思维的人打交道。在我的研究对象中，有86%的富人都养成了与这类人交往的习惯。他们希望与这样的

富有的习惯
RICH HABITS

人相处：

◎ 有一定经济基础的人

◎ 有良好习惯的人

◎ 积极乐观的人

◎ 平静而快乐的人

◎ 与他人相处和谐的人

◎ 不传八卦消息的人

◎ 善于启发和鼓励别人的人

◎ 热情洋溢的人

◎ 勇于承担个人责任的人

另一方面，富人们也会尽量避免建立不良的人际关系，即不与具有以下特质的人打交道：

◎ 常年忧心忡忡、焦虑不堪的人

◎ 有坏习惯的人

◎ 消极压抑的悲观主义者

◎ 不懂得未雨绸缪的人

◎ 永远处于戒备状态的人

◎ 爱传八卦消息的人

◎ 爱给别人泼冷水的人

◎ 缺乏热情的人

◎ 总觉得自己是受害者的人

◎ 推卸责任的人

通过调查我发现，有80%白手起家的富人使用以下4种电话策略来建立并巩固自己的人际关系：

❶ **问候型致电**：这一类电话的主要目的是搜集被致电方的信息。

❷ **生日祝福致电**：打电话为对方送出生日祝福，相当于给人际关系加上"生命维持系统"。这样一来，我们至少一年需要主动与对方联系一次，祝他们生日快乐。收到生日祝福的人有5%~10%的人会有所回馈，在我们生日当天打来祝福电话。一来一去，便形成了情感上的纽带。

❸ **生活事件致电**：生活事件致电最为有效，因为它能让我们的人际关系更加深入。当我们的生活中发生婚丧嫁娶等比较重要的事件时，打电话告诉对方，会让人际关系这棵大树的根扎得更深，生长得更快，比其他人际关系策略效果更加明显。

❹ **参加志愿者活动，拓宽人脉**：参加志愿者活动能让我们扩

大社交圈，让我们在安全、友好、无压力的环境中表现自己的技能。拓宽人脉对于成功是非常必要的。如果能将合适的对象罗织到自己的人际关系网中，我们就能赢得客户、战略业务伙伴、追随者和人际关系合作伙伴，最终能赚取更多的财富。白手起家的富翁全都是个中高手。他们努力搭建人际关系网，加深与其他成功人士之间的关系。他们常用的方法有很多：

◎ 加入能够拓宽人脉的组织和俱乐部，比如，加入广受欢迎的国际商业引荐联盟。同时还有许多白手起家的富豪选择创建自己的组织。

◎ 加入社区企业的顾问团。

◎ 加入当地民间组织，比如狮子会、扶轮社、商会、哥伦布骑士团、乐天派俱乐部和当地的商务俱乐部。

◎ 举办演讲会。演讲会可能是最有效的人脉拓展的工具之一，一场演讲会意味着至少30位潜在客户或新的人际交往对象。许多人害怕当众演讲，但富豪身上最常见的一个共同点就是，他们具有克服恐惧的能力。当众演讲使我们从普通大众之间脱颖而出，这是一项很具竞争性的长处。

◎ 加入非营利性组织，并且成为董事会成员，或成为一个或多个委员会的管理者。非营利性组织中存在着非常多的举荐机会，而且能够提供为人们展示自身才能，发展持久人际关系的机会。举荐可能来自各个方向——资深会员、供应商、捐赠者或组织的受益者等等。大部分非营利组织的董事会是由事业有成，人脉深远的富豪组成。所以，加入非营利组织，我们也会成为其他志愿者搭建的重要人际关系网当中的一环。

当这些白手起家的富翁发现某人有过人之处，便会投入大量时间和精力，与之建立高效的人际关系。为了将人际关系的新生嫩芽培植成参天大树，他们会充分利用互惠原则。所谓互惠原则，指的是每天花一定的时间用来提高自己所看重的一段人际关系，比如帮助对方达到他们的目标、提升工作状况或是增长销售业绩。只需要每天花上30分钟即可，最后对方一定会成为我们最有力的支持者、最好的销售队员或是帮助我们吸引客户的最佳途径。同时，这项策略还会帮助我们进一步拓展新的人脉。互惠原则是成功人士每天都会用到的策略。

富有的习惯
RICH HABITS

📁 富有的习惯和贫穷的习惯

我们的日常行为、思想和选择有40%都是习惯的结果。因为习惯是一种下意识的行为，所以我们很难意识到，眼下的生活状况其实是习惯导致的直接结果。许多靠固定薪水勉强糊口的人可能只会挠着头，不明白自己到底哪里做得不对，或是陷入受害者的角色不能自拔，把造成自己生活窘况的原因一股脑地推到别人头上。事实上，习惯是一切成功和失败的幕后推手。每个习惯都会产生一定的后果。我们在生活中养成的习惯有好有坏，好习惯会让我们不知不觉踏上成功的康庄大道，我们学习优秀，工作出色，财源滚滚，长命百岁，生活得快乐而健康。相反，坏习惯则会使我们陷入失败的泥泞之中，使我们在学习和工作中表现欠佳，收入微薄，情绪低迷，身体每况愈下，寿命也更短。

习惯是我们常常在下意识状态中做出的举动和产生的想法。如果是好的习惯，那么一切都好，我们便会在不知不觉中创造美好的生活：财富充盈，身体健康，精力旺盛，充满幸福感。可是，如果我们养成了坏习惯，恐怕就只能与经济问题、健康问题和情绪问题纠缠不休了。

我的研究结果显示，日常习惯在很大程度上决定了人们生活

Part2 改变习惯，重塑人生
第二章 习惯的种类

成功或失败的程度。我选择研究对象的标准是，年收入超过16万美元，流动资产净额不低于320万美元的富人，和年收入不高于35,000美元，流动资产净额低于5000美元的穷人。通过对他们的细致调查，我总结出了富人和穷人这两个不同人群各自所拥有的共同习惯。这项研究直逼贫富差异问题的核心，意义重大。我从自己的研究中得到了8个重要结论：

1. 日常习惯在我们每天的日常行为、思想、选择或决定当中占有40%的比例。

2. 普通习惯各自行事，不会互相影响，与那些更为复杂的核心习惯相比，更容易养成，也更容易改变。

3. 有的习惯是核心习惯。在前文中曾经提到，核心习惯是非常独特的习惯，因为它们会影响普通习惯。核心习惯可能导致普通习惯发生连锁反应。在所有习惯中，它们是最有力量的，但是更难养成，也更难改变。

4. 每个习惯都有其形成的来源，都会产生后果。习惯是富有或贫穷、快乐或悲伤、压力大小、人际关系优劣、身体状况好坏的根源。习惯影响我们的生活，我们却浑然不觉。

5. 我们的大部分习惯都源自父母，这些习惯是"世袭"的，也就是说，会从上一代人身上传到下一代人身上。

富有的习惯
RICH HABITS

6. 富人养成了许多富有的习惯，几乎没有贫穷的习惯。
7. 穷人贫穷的习惯比富有的习惯要多得多。
8. 所有的习惯都能够被改变。

哪些习惯导向成功的人生，哪些又该为失败的人生负责呢？在我的畅销书《富有的习惯》中，我提出了10种核心习惯，正是它们在贫穷和富有的生活之间划出了一道分水岭。以下便是这10种富有的习惯：

1. 我要培养自己的日常富有的习惯，每天照做不误。
2. 我要设定目标并围绕目标培养习惯。
3. 我每天至少花30分钟用来读书自学。
4. 我每天至少花30分钟进行有氧运动。
5. 我每天要利用一部分时间巩固与同样具有成功思维者之间的关系。
6. 我每天都要有节制地生活。
7. 我每天都要完成待做事项中70%的项目。
8. 我每天都要用积极、热情和乐观的态度去生活。
9. 我会将挣来的每一笔钱拨出10%进行储蓄。
10. 我每天都会控制自己的思想和情绪。

除了以上这10种核心富有的习惯之外，在5年针对富有的习惯的研究当中，我还发现了300多种使得白手起家的富豪们区别于芸芸大众的行为习惯、思维习惯和决策习惯。我很快就会将这些结论与你分享，我们将清楚地看到，习惯在塑造生活的过程中扮演着多么重要的角色。

接下来，就让我们开始这段旅程吧。我们将沿着富人的生活轨迹，一探他们日常生活中的细节，真正看到并理解哪些习惯使得他们在普通人中鹤立鸡群。同时，我们也会沿着穷人的生活轨迹去看看他们的习惯，了解那些摧毁人们生活的习惯同样很重要。我们必须看到硬币的两面。我将按照影响能力的大小，将这些富有的习惯和贫穷的习惯一一列举出来。这是一项开创历史先河的研究，一定会让你大开眼界的。现在，就让我们化身为富人和穷人家里墙壁上的苍蝇，看看富有的习惯和贫穷的习惯的真面目吧。再次强调，这些习惯是按照它们对生活的影响力水平来排列的。

帮助富人们白手起家的习惯——富有的习惯
1. 坚持每天读书自学

88%的富人每天会花上至少30分钟用来自学或阅读以充实自己。另外，有63%的富人会在上下班的途中听与教育有关的有声书或播客。他们并不是为了消遣，而是为了获取知识或保持与时俱进而读书。实际上，只有11%的富人读闲书。58%的富人阅读名人传记。在这些传奇人物从一穷二白到家资万贯的成长过程中，有太多的人生教训可以吸取。自传当中详细记录了他们的思考习惯、遭受的挑战和人生的每一次大起大落，能够给人启迪。另外，55%的人还阅读励志书或个人成长类书籍，这类书能提供一些基本而新颖的理念，从不同的方面帮助我们提升自己的生活，迫使我们对自己的行为进行评价。励志书提供实用的方法，帮助我们活出更好的样子。最后，还有51%的富人阅读历史书。历史书中呈现了人类在历史长河中的每一次功过成败，帮助我们更好地理解今天的生活，如同指南针，为我们辨明正确与错误的发展方向。

2. 至少每天30分钟的有氧运动

76%的富人每天至少花30分钟用来做有氧运动。有氧运动是指所有在氧气充分供应的情况下进行的运动，比如跑步、慢跑、健步或骑自行车等。能够使心率升高到每分钟75~100次，并且保持这个状态至少20分钟的运动都是有氧运动。有氧运动不仅能强身健体，对大脑也大有裨益，它能够改善大脑功能，促进脑细胞生长。有氧运动能促进大脑中激素的释放，比如脑源性神经营养因子。这种营养因子就像滋养脑细胞的肥料，能够促进神经元树突的生长，并且增大轴突。树突和轴突是神经元的两个重要组成部分。树突越多，轴突越大，我们就越聪明。有氧运动会向大脑输送更多含氧的血液，而氧气有助于提高脑细胞的功能。我们通过有氧运动吸入的氧气越多，大脑就变得越健康。通过运动还能够提高葡萄糖的产量，葡萄糖是大脑的燃料，提供给大脑的燃料越多，大脑就生长得越迅速，我们也就变得越聪明。

3. 与其他同样具有成功思维的人建立人际关系

与我们经常打交道的人有多成功，我们就同样有多成功。所以，如果想要取得成功，就必须处身于具有成功思维的人之间。与此同时，我们应该尽量减少与有消极影响的人的来往。成功人士也许用一通电话、一封电邮或一次会面就能帮我们打开机会的大门。在非营利性组织的董事会和委员会中有这样的人，所以许多富人为慈善团体、民间团体或贸易团体做志愿者，与具有成功思维的人建立来往，为自己拓展人脉。如果你并不富有，不妨去做志愿者；如果你失业了，不妨去做志愿者；如果你厌烦现在的工作，同样可以去做志愿者。一旦拓展了新的人脉，就可能打开连我们自己也料想不到的机会大门。在我调查的富人当中，72%的人每个月至少做5小时志愿者，有86%的人会投入时间，与具有积极向上心态的人建立良好而持久的人际关系。

富人总是在寻找以目标为导向的、乐观而热情的人，或是看起来积极向上的人。同时，我们在前面提到过，他们也会尽量

富有的习惯
RICH HABITS

避免与颓废消极者之间来往。通过长期的研究，我发现富人每周花费至少一小时用于与积极乐观的人打交道，而用在那些具有不良心态者身上的时间则少于周一小时。我们应该尽量与具有成功心态的人多加来往，避免与心态消极者来往。为了拓展健康的人际关系，富人会做6件事情：第一，打电话给对方致以问候；第二，打电话送出生日祝福；第三，打电话与对方探讨人生大事；第四，拓宽人际关系网络；第五，做义工；第六，参加各类正式或非正式的行业团体。正式的行业团体包括贸易团体、企业组织和兴趣团体，非正式团体包括与志同道合者之间每周或每月的电话来往和会面。非正式团体的成员一般限于5~6人。汽车销售行业中就有典型的例子。同一品牌的许多专营汽车销售商普遍有开季度会议的惯例，他们通过这种彼此交流经验，分享好的实操方法。

4. 追求自己设定的目标

在我的研究中，有80%的富人非常看重追求目标。其中有55%至少花一年的时间用来追求一个目标。关键在于，我们应该追求自己的目标。太多人错误地追求着别人制定的目标。许多父母为了孩子着想，逼迫他们去当医生、注册会计师、律师或工程师。可是，按照父母的要求生活多年的人，其中有很大一部分人发现自己并不快乐，收入也不如想象中优厚。所以我要提醒你，不要把自己的梯子搭在别人家的墙上，不要将自己最好的年华浪费在攀登这架错误的梯子上。我们必须找到自己的"墙"——自己的梦想和目标——然后一心一意去追求。目标必须是自己的，而不是别人定的，唯有如此我们才能听到自己内心真正的召唤，寻找到生活的意义。如果我们朝着别人制定的梦想或目标苦苦追索，最后只能做着自己讨厌的工作，挣着微薄的薪水，勉强维持生活，到最后，我们会失去激情。激情是成功的必备要素，它让工作变得有趣，让我们充满精力，心无旁骛，即使屡战屡败也仍旧坚持到底。激情赋予我们绝不退让的坚定，以及克服一切障碍和困难的勇气。从我的研究数据中可以发现，追求自己的梦想和目标让人们感受到最持久的快乐，也让我们积累起最丰厚的财富。那些用一生追求自己的人生目标和梦想，在喜欢的事情上投入热情的人，是最幸福的人。

5. 梦想先行，目标紧随其后

梦想的实现是需要时间的。不幸的是，许多个人发展咨询专家虽然心怀好意，但并没有充分理解这一点，于是那些向他们寻求指导的人很快就感到沮丧失望，满心幻灭，因为他们觉得梦想根本无法实现。造成这样的结果，是因为他们把设定目标当成了实现梦想的过程。虽然设定目标的确是追梦过程的一部分，但实际上，实现梦想是从找到梦想这一步开始的。稍后我将详细解释找到梦想，设定目标的过程。

6. 避免浪费时间

说到风险，大部分人首先想到的大概是投资方面的风险，比如把资金投入一个新行业、买股票、买彩票、赌博或出借以换取更高利润时面临的风险。不过，经济上的风险并不是最可怕的，因为损失的金钱还可以赚回来。还有一种风险，却是一旦损失便永远无法弥补的，这就是时间。我们投入自己的时间做某件事情，时间便一去不返，永远无法重来，也不能重新为我们所掌握了。不过，因为我们每个人似乎都握着大把的时间，所以它的价值没有人在乎。于是我们把时间挥霍在没有意义的事情上，比如看好几个小时的电视、在社交网站发评论和看视频、泡吧、在床上躺着，或是做其他一些不会产生任何效用的事情。被浪费的时间再也不会回来了。我们意识不到时间有多么宝贵，直到年岁渐长，才发现时间已经不够用了。把时间用来追求目标和实现梦想，才是聪明的做法。我们投资的每分每秒都会有所回报，回报的形式多种多样，比如经济保障、留给后代的遗产或是帮助别人改善生活，总之是创造美好生活的方方面面。只有当我们把时间看作风险最大的投资，才会在分配时间时再三权衡。投资时间一定要谨慎，因为它如白驹过隙一去不回。在我的研究中，67%的富翁每天在互联网上娱乐的时间不超过一个小时，如此一来，他们用来追求目标、阅读、学习、锻炼、做义工和拓宽人脉的时间就更充裕了。

7. 每天睡够7~8个小时

在我的研究中，89%的富人每晚睡眠时间至少为7小时。睡眠对于成功非常重要。在过去的10年间，神经学家们一直在研究人类为何需要睡眠，他们发现了一些非常有趣的事情，取得了一些叫人难以置信的突破。原来，睡眠在神不知鬼不觉中完成了那么多工作。睡眠的主要目的之一是形成记忆。在睡眠的快速眼动阶段，海马体和大脑新皮质之间的信号传递达到数千次，在这个过程中产生了长时记忆。另一个发现是，虽然在睡眠中显意识是关闭的，但是能与潜意识（边缘系统和脑干）进行沟通。这个过程很重要，因为潜意识常常吸收显意识看不见的感官数据。我们所谓的"直觉"实际上就是睡眠中潜意识与显意识之间交流的内容。有时候，我们醒来时会觉得脑海中回荡着一个声音，那便是显意识在告诉我们，它趁我们睡着时从潜意识那儿学到了什么。一般来说，成人每天需要6~7个半小时的睡眠，分成4~5个约90分钟的睡眠周期。

4个睡眠周期是最低睡眠需求，5个是理想状态。每个睡眠周期又由5个阶段组成：入睡期，浅睡期，深睡期，快速眼动期，然后回到浅睡期。对于每个睡眠循环，前三个阶段共持续

65分钟，快速眼动期持续20分钟，最后一个睡眠阶段浅睡期为5分钟。每晚4个睡眠周期意味着我们每晚睡眠6小时，5个睡眠周期则是7个半小时。有的人睡够6小时就能正常工作，有的人则需要7个半小时。每晚睡眠的完整周期数比睡眠总时数更重要。

8. 提前起床

在我的研究中，占44%，几乎是一半的自力更生的富人们，都在工作正式开始前3个小时提前起床。为什么早起对于成功如此重要？因为生活中总会有各种突发事件打乱我们的安排。当一个工作日结束的时候，我们有多少人不得不举手投降，因为这一天里有几项工作本来是一定要办妥的，却被不期而至的麻烦给搅乱了。突发事件不但随时可能发生，有时候还相当频繁。这些扰乱会对我们产生心理上的影响，它们一点点渗入我们的潜意识之中，最后我们便会形成一种观念，认为自己只能被生活牵着鼻子走。

这种信念一旦形成便会立刻发挥作用，它通过潜意识告诉我们，我们无法为自己一天的生活做出安排。这种想法让我们感觉很无助，而无助感是引起抑郁的头号原因。不过，解决方法还是有的，那就是"清晨5点联盟"。早上5点起床，将我们最想办妥的事情中排在头三名的解决掉，就能感觉到生活在按部就班地进行。实际上，这相当于将属于"我的"生活的掌控大权重新交还到"我的"手中，因而我们能够重树自信，相信自己仍是生活的主宰。坚持5点起床是一项日常习惯，需要时间才能养成。它也是我所说的核心习惯之一，而核心习惯是最有力量的习惯，因为它能够引起其他习惯的连锁反应。培养早起习惯的方法之一，就是找同伴加入我们的"清晨5点联盟"，迫使自己好好表现。一想到每天清晨5点钟，有个人会在那儿等着我们，寻找我们，我们便只得抛开继续闷头大睡的冲动，掀开被子起床了。不妨赶快找个可靠的伙伴加入你的联盟，明天就开始我们的"清晨5点联盟"计划吧。生活的控制大权将重新回到我们手中，我们将摆脱无助，充满自信地安排好每一天的生活。

9. 发展多渠道收入

白手起家的富翁不会依赖单一的收入来源，而是努力发掘不同的收入渠道。在我的研究中，"3"似乎是个神奇的数字，65%的富人在成为富人之前，至少有3种收入渠道。在经济不景气的时候——这种现象时有发生，难以避免——拥有多种收入来源的人受到的影响会小得多，也比较能够扛过去。大部分人是"一个萝卜一个坑"，可是，当唯一的收入来源受到经济低迷的影响时，他们的生活就成了问题。相反，富人却是"一个萝卜多个坑"，如果其中一种来源暂时受损，其他来源依旧能够保障他们的生活。其他收入来源包括房产租金、房地产投资信托基金、分权共享房地产投资、三净租赁、股票市场投资、养老金、季节性房产租金（如海滨度假屋、滑雪度假屋、湖岸度假屋）、私募股权投资、兼职生意的部分所有权、金融性投资、辅助性产品或服务及权利金（如专利品、书籍、油和木料）等。

10. 绝不拖延

拖延是一个贫穷的习惯。哪怕是天才，一旦养成拖延的习惯，最终便只能以泯然众人而告终。许多人无法摆脱这个贫穷的习惯，所以才有这么多的穷人。成功有许多障碍，拖延就是最大的障碍之一。造成拖延的主要原因之一是对自己赖以谋生的工作缺乏激情。

世界上有87%的员工都处于这种状态。根据盖洛普咨询公司[①]的调查，只有13%的职员对待工作很敬业，或是在工作中投注了感情，非常专注地为公司越来越好而工作。盖洛普公司公布了2011—2012年对全球140多个国家和地区的员工对工作投入程度的调查结果，有63%的员工对工作"漠不关心"——没有工作动力、不愿意投入额外的努力，而剩下的24%是"消极怠工"，也就是说工作得很不开心，效率低下。为什么？

原因在于我们只喜欢做自己感兴趣的事，对不喜欢做的事

---

① 盖洛普公司由美国著名的社会科学家乔治·盖洛普博士于20世纪30年代创立，是全球知名的民意测验和商业调查及咨询公司。

只会无限拖延。不论我们是否有所觉察，拖延的确是导致我们的生活入不敷出的一大原因。因为拖延，我们无法获取老板和同事的信任，在工作中错误百出，进一步影响我们或我们的老板在客户、客人和生意伙伴心目中的印象。拖延败坏了我们的名声，为我们贴上不值得信任或是工作质量糟糕的标签。更可怕的是，拖延甚至可能让我们吃官司，带来压力，造成经济上的损失。你信也好，不信也好，在那些优秀的人脑海中，拖延一样在扯着嗓门阻挠他们的行动，与碌碌无为者脑海中的声音一样大。区别在于，成功人士能够马上掐断拖延的声音。我花5年时间研究穷人和富人的日常习惯，从中发现了5种能够永远让拖延"闭嘴"的工具。

5种让拖延"闭嘴"的工具

工具1：待办事项清单

成功人士借助"待办事项"清单帮助自己完成任务。日常待办事项清单分为两种：

◎ 目标类待办事项：这是从属于每月、每年和长期目标的一些日常任务，它们是固定不变的，是每天都会在待办事项清单里出现的同样的内容，比如"拨打10通销售电话"。

◎ 无目标待办事项：这些待办事项不与任何目标相关

联，它们可能是某项行政工作（比如回复邮件）、与客户相关的任务（比如与客户见面）或日常工作项目（比如去银行办事）。它们可能每天都固定不变，可能是日常杂事，也可能每天都不一样。

工具2：每天必须完成的5项任务

成功人士每天都会把5件当天必须完成的任务写进自己的待办事项清单中。对于那87%完全无心工作的人而言，这个方法特别管用。这5件事可以是与朝九晚五的本职工作无关的事，也可以是只要每天坚持做到，便能够帮助我们朝着实现某个目标或人生梦想前进的小事。

工具3：设定假定的最后期限并广而告之

当我们给某项任务设定最后期限，并且把这个时间期限告诉第三方（一般是与这项任务的完成有直接关系的人），就等于提高了这项任务的紧急程度。"待办事项"就此升级为我们为别人许下的承诺，于是我们就有了赶在最后期限之前实现承诺的压力。

工具4：问责伙伴

问责伙伴指的是与我们定期见面（比如每周见一次），而且会施加压力让我们完成任务的人。可以是某个人，也可能是某些人。当我们知道有人会督促自己完成任务，那些任务便不仅仅是"待办事项"了。受到关注的时候我们往往能表现得更好。

工具5:"现在就做"碎碎念

谁都受不了被人家不停地催促,被催得多了,我们的行为便会有所改变,只是自己可能并没有意识到。如果有人在耳边一直催,我们便会选择把某件自己并不想做的事情做完。"现在就做"是一种很有效的自我催促技巧。一遍又一遍地对自己说"现在就做",实际便是在催促自己。我在研究中发现这个工具后,便利用它催促自己去做常常拖着不做的事情,比如公司的每月结算等。现在我只需要在脑子里不断重复"现在就做"就够了,絮絮叨叨的催促会改变我的行为,迫使我该快把活给做完。

11. 寻找成功导师

在我的研究中,93%的富人都把自己获得的财富归功于他们的导师,其中有68%的富人认为别人给予的指导是帮助自己成功的关键因素。成功导师不仅会用积极的态度和语言影响我们的生活,还会告诉我们具体应该做什么,不应该做什么,通过这种方式引导我们走向成功。他们会将自己从导师那儿学到的,或是从自身的挫折中吸取的宝贵人生经验进行分享。找到一位导师,便相当于走上财富积累之路的捷径。通过研究，我发现成功导师大致有以下5种：

❶ **父母**：许多人在生活中只能遇到一位导师，那就是自己的父亲或母亲。如果能成功扮演这个导师的角色，家长就能帮助孩子在竞争中脱颖而出，为孩子长大后成为成功人士打下坚实的基础。所以，父母的培养和教导对于孩子的成功非常重要。只要帮助孩子养成良好的日常习惯，便等于为将来的他们免去了为谋生而挣扎之苦。

❷ **老师**：好的老师便是好的导师。老师能巩固孩子们在家里所受到的父母的教导，也能在孩子们离家在外，急需指引时为他们提供帮助。

❸ **职业规划导师**：很多人没那么幸运，他们的父母和老师都不懂得怎样做才能引导他们走向成功，所以，对于这些人来说，在工作中找到一位导师才是有助于财富积累的好方法。工作中的导师会引导我们规避错误，为我们指出正确的努力方向。不妨在工作中寻找自己敬佩与信任的人，请对方做自己的导师。需要注意的是，最好寻找比我们的工作职位高两级的人做导师。

❹ **以书本为导师**：书绝对有资格充当我们的导师。最好的"书本导师"是那些白手起家的富翁的自传。我在研究中发现，58%的富人阅读其他成功人士的传记。

❺ **以挫折为导师**：从挫折中吸取经验教训，从而培养对成功有帮助的日常习惯，实际上等于我们为自己充当导师。我们从自己的错误和失败中学习，教导自己哪些行为有效，哪些行为无效。错误和失败消耗我们的时间和金钱，所以通过这种方法获得指导虽然很艰辛，但同时也是最有效的，因为这样的经验与我们的情绪牢牢捆绑在一起，会永远铭刻在心中。

12.保持乐观的精神状态

想要追求长久的成功，必须保持积极乐观的精神状态。在我的研究中，所有通过自我奋斗成功的富人都具备这一特征。其中有54%的富人认为自己的乐观是取得成功的推动力，53%的富人相信自己有一天会变得富有，79%相信他们自己的生活境况全靠自己的努力。大部分人对自己的想法浑然不觉，如果我们能停下来听一听自己的心声，意识到它们的存在，就会发现自己的想法大部分是消极的。不过，只有当我们逼迫自己去觉察的时候，才会发现自己拥有这些负面想法。所以，有所觉察是关键所在。

佛教把这种察觉称之为"内观"。从生理上分析，这些脑海中的声音产生于大脑中的一个叫作杏仁核的区域。杏仁核是边缘系统的一部分，它总是一刻不停地对我们说着什么。杏仁核的"唠叨"自有其道理：不妨把它想象成一个雷达系统，专门负责提醒我们危险的存在。为了保护我们，让我们警惕并防范各种威胁、掠食者和讨厌的人，它不停地诉说着担忧、恐惧和怀疑。当我们接触新的事物、探索新的领域，或是接触任何可能有风险的事情时，这个声音就会预测出各种各样的负面结果，试图给我们洗脑。现实生活中的很多事情都能触发这个声音，比如设定目标、追求梦想、投资、追求一个新的工作机会、追求一次具有挑战性的升职机会、结婚、离婚、买房、卖房、搬家、生孩子、上大学、尝试新的运动等。有时候这个声音会对我们说：

◎ 你会失败、赔钱、被炒鱿鱼，还可能破产。
◎ 你会受伤的。
◎ 你会出丑的。
◎ 这么做不管用；最后准会离婚的；这肯定是场灾难。
◎ 我干不来；这个担子我可担不起；如果被我搞砸了怎么办？

这些负面声音是大脑发出的警报，它要我们停下手头在做的事，调转航向回到舒适区。大部分人都会听从这些声音，但同时我也发现有的人对此充耳不闻。这些勇敢者对这种声音不加理会，依旧执着地追求目标、梦想、新的生意机会和新的挑战。他们是怎么做到的？他们怎么做到不对自己脑海里的声音言听计从？当大部分人还在自己熟悉的小天地里转着圈子，他们到底做了什么，能够克服这些声音并且坚持往下走？其实，我所调查的这些靠自己奋斗成功的富翁玩的是一种叫作"如果……怎么办？"的游戏。这个游戏能够关掉头脑中的负面声音，让负面的自我暗示土崩瓦解。它就像蓄电池酸液一样，能够将怀疑、恐惧、焦虑和担心统统腐蚀掉。世界上有许多成功人士、成功的公司和研究机构都在玩这个游戏。它实际上是一种头脑风暴的方法，可以用来帮助我们为新产品、新服务和革命性突破提出创新的设想。

典型案例："如果……怎么办？"游戏

唐纳德·特朗普在《像亿万富翁一样思考》一书中解释了自己利用"如果……怎么办？"游戏关掉"恶魔之音"的过程。当时特朗普正在策划一个新的节目，他在书中写道，那些恶魔之音像军队一般气势汹汹地杀了过来。这些声音大部分来自他自己的脑海，但也有不少来自和他一起工作的人。他说，在策划一个新项目的初始阶段，这些声音总是不断提醒他留意各种危险。比如，他主持过的电视节目《飞黄腾达》曾经获得大奖，但是在早期对这个节目进行评估时，特朗普却不得不面对铺天盖地的反对的声音：

◎ 节目会失败的，要是失败了，公司的品牌名誉也跟着受损怎么办？

◎ 它会让我无法专心经营生意，如果主营生意赔钱怎么办？

◎ 如果人们看了这个节目之后讨厌我怎么办？

◎ 如果我讨厌做这个节目怎么办？

但是特朗普利用"如果……怎么办？"游戏来引导自己的想法：

◎ 如果节目取得成功呢？

◎ 如果节目有助于提升我的品牌呢？

◎ 如果我喜欢做这个节目呢？

◎ 如果它帮助我赚到更多钱呢？

◎ 如果它帮我找到非常优秀、能够为我的生意锦上添花的学徒呢？

◎ 如果全世界的人都爱上我和我的企业呢？

通过设想"如果……怎么办"，负面想法很快就被积极的想法取代了。它让我们在追求崭新的、有价值的事物时产生的恐惧、怀疑和不确定烟消云散，它能够迅速改变人们的思考方式，给我们继续前行的勇气。当我们再次面对一个困难的抉择时，不妨玩一玩"如果……怎么办？"。不要被恶魔之音吓倒，如果它们根本就是错的怎么办？

13. 描绘生活蓝图

白手起家的富人的成功靠的不是误打误撞，他们的成就不是天上掉下来的馅饼。奔向成功的旅程总是从一个愿景开始的，比如你想成为什么样的人，希望自己和家人拥有什么样的生活等。在我的研究中，61%白手起家的富人都有过"寻找梦想"的经历，也就是描绘出自己理想中的生活。想象所有的梦想实现后的情形，我们就能知道自己憧憬的是什么样的生活，然后用500~1000字把这份憧憬写下来，这便是前面提到过的"来自未来的信"。未来的信会触发海马体和网状激活系统，它们会在幕后展开搜索：什么信息能够帮助我们接近理想生活中的种种事物？海马体和网状激活系统就像被输入程序的无人机，会自动寻找目标，也就是任何能够帮助我们实现梦想的信息。网状激活系统还会为我们的感官输入程序，命令它们从外界吸收任何有助于我们达到目标的信息，海马体再将这些信息过滤，确定它们是否对于我们实现目标或梦想有所帮助。事实上，当网状激活系统被开启后，我们才能真正地"看到"，我们的眼睛才能发现那些一直存在却被我们熟视无睹的机会。

14. 追求自己的激情所在

在我的研究中，所有从零开始的富人都有一个共同的特点，那就是对自己从事的工作充满激情。能够听从自己内心召唤的幸运儿并不多，他们都是其中的一分子。激情能够改变我们对自身的信念，为我们注入活力、坚持、专注和耐心。我所研究的每一个积累了巨额财富的企业家都是满怀激情的人，他们对于实现梦想都怀有极大的激情，并且能够自始至终专注于此。他们不会被困难挡住去路，始终相信自己，他们的激情让奇迹得以发生。这些富人有6个相同的特质：激情、坚持、专注、耐心、职业道德和学习的渴望。

有趣的是，这些有钱人说，在他们决定追求某个梦想之前，完全不知道自己具有这些特质。追求梦想的激情激活了他们的成功特质，它对于有助于人们成功的特质有一种连锁反应，能够将它们唤醒。激情比教育更重要，比智慧更重要，比运营资本更重要，比技术和熟练程度更重要。激情比那些缺乏激情的人具有的所有长处都更重要。能够在生活中寻找到激情的人不多，但一旦找到，这些人就会将缺少激情的人远远甩在身后，我们甚至连当他们对手的资格都没有。当我们在生活中找到自己的目标时，就会迸发出勃然激情，所以找到一个重要的人生目标便是关键所在。它发掘出我们的激情，是通往成功的一个神奇又神秘的要

Part2 改变习惯，重塑人生

第二章 习惯的种类

素。当我们找到人生目标时，自然就会有所感应。不需要深思熟虑，那种感觉像是一把大锤猛地打中了脑袋一样，你根本不会怀疑是否这就是人生目标，如果有这样的疑问，放心好了，你还没有找到人生目标。当我们跟从自己的目标前进，就变成了它的奴仆，由它所激发出来的激情会耗尽所有的时间和精力。但是，怎样才能找到人生目标呢？信不信由你，找到人生目标完全是我们能够掌控的事。具体步骤如下：

◎ 拿一张纸，在上面画上5栏表格。

◎ 在第一栏表格中，将你所记得的一切能让自己快乐的事写下来。这一列的内容可能会很长。

◎ 在你列出来的快乐回忆中，是否有需要掌握某种技能的？把它们额外标记出来。

◎ 在第二栏中，为每一项被额外标记的快乐回忆分配一个工作类型。

◎ 在第三栏中，将额外标记的事项按照快乐程度编号，比如1号是最快乐的事，2号是第二快乐的事，依次类推。

◎ 在第四栏中，将额外标记的事项按照收入由高到低的顺序编号，比如1号为收入最高，2号为收入第二高。

◎ 在第五栏中，将第三和第四栏的序号相加，总分最低的就代表着你的人生目标。示范如下：

人生目标

事件描述	工作类别	按快乐程度排序	按薪资多少排序	总排序
组织班长竞选的时候	政治家，竞选经理人，职业发言人	1	3	4
为高中的班级组织滑雪旅行的时候	活动策划	2	2	4
在大学指导篮球训练的时候	篮球教练	3	4	7
在大学兼职汽车销售的时候	汽车销售员，汽车经销商	6	1	7
给校报投稿的时候	记者，作家	4	5	9
在高中时成为预备军官训练营成员的时候	从军	5	6	11

确定了可以作为人生目标的项目后，接下来就是花6个月时间去从事其中一个项目。如果6个月以后仍没有被它牢牢吸引，就继续尝试下一项。当我们每天只顾着做某一件事，而不再考虑其他选择时，我们便知道，这就是人生目标，因为我们被这件事迷住了，再也没有精力去想别的。所谓人生目标，就是我们愿意

花一辈子的时间去做的事。当我们为某件事付出时间和精力，却丝毫没有工作的感觉，这就是人生目标。当全身心投入地追求人生目标时，时间会飞逝而过，一个又一个钟头过去了，我们却浑然不觉。我们充满激情的时候，便是找到人生目标的时候。激情让工作变得有趣，让我们充满精力、学会执着和专注，而且永远承受失败、错误和否定的打击。

从我的研究数据来看，找到人生目标能够创造最持久的幸福感，同样也能赚取最丰厚的财富。追求人生目标的人热爱自己的工作，是世界上最幸福的人。与此相比，挣钱反而不那么重要了。但有趣的是，在不断的练习中我们会成为自己所在行业的专家，这样一来反而能赚取比预想更多的财富。如果我们在做某件事时感到非常开心，每天早上醒来都迫不及待想要马上开始，这就说明我们找到了自己的人生目标。

15. 执着

白手起家的富翁们都很执着，他们从来不放弃梦想。他们不愿意弃船而逃，而是坚守到最后一刻。在我的调查中，有27%的富人在生意上至少遭受过一次失败的打击，但是他们收拾好残局，继续尝试。这些人就是这样执着。执着意味着我们每天都要做那些能让自己接近人生梦想和目标的事。执着让我们变得势不可挡，因为没有任何障碍、错误或一时的失败会让我们停止前进。我们在这个过程中成长，根据情况调整自己的方向。执着让我们明白什么时候自己在做无用功，然后不断实验直到找到奏效的好方法。好运的降临很大一部分要归功于执着，执着的人最终都会走运。不仅如此，执着还可能产生无心插柳的效果，一些出人意料的事情甚至也可能发生在那些执着的人身上。有些时候，我们身边最亲近的人会鼓励和督促我们，但是更常见的情况是，这些最亲近的人自己曾经被阻碍、错误和失败打败，他们反而会竭尽全力阻止我们的坚持，尽管这重重的阻碍、一次又一次的错误和失败本身就是成功路上必经的部分。面对如此强烈的阻挠，我们要花费比平常人多得多的努力才能获得成功，因此成功人士才显得如此特别和稀有。如果你想获得成功，就必须顶住看似无穷无尽的困难执着地往前走。成功人士之所以成功，就是因为他们从不放弃！

16. 不从众

Facebook和Google这两个网站有什么共同之处？答案就是从众心理。人类都有极强烈的从众心理，这是导致青少年在来自同伴的压力下做出某些举动的原因，也是Facebook和Google得以流行的原因。人类想要融入大众，成为人群的一部分。我们天生如此，这是基因组进化产生的副产品。早在远古时代，人类就发现只有成为一群人中的一分子，才能减少被掠食动物吃掉的危险。

Part2　改变习惯，重塑人生
第二章　习惯的种类

从众心理能保证我们这个种群的生存。我们是如此希望融入人群，适应社会，成为大众当中的一部分，为了避免被孤立于人群之外，我们几乎愿意做任何事。这不是理论而已，而是科学原理（埃斯特拉达，"同伴压力如何影响社会群体的共识、领导力和创新"，《科学报告》，2013，麦克米伦出版公司）。许多年以前，《隐藏的摄像机》[①]制作了著名的《电梯恶作剧》对这一科学原理进行了测试。

在这个恶搞节目中，一群节目组工作人员跟着一个无辜的路人走进电梯。电梯开动后，工作人员齐刷刷地全都转过身去，背对着电梯门。路人显然因为他们的举动感到不安，没过多久，也与那群搞恶作剧的人一样，转过身去。节目组在许多路人身上重复这一恶作剧，结果总是屡试不爽：最后，路人会跟从群体的行为。这个节目最有意思的地方在于，它让想要融入群体的人显得格外突出。如果你正在追求成功的路上，就应该打造或培养自己的群体，吸引别的个体加入你的新群体。从众心理给我们带来了两点启示：

从众心理启示❶：我们必须将自己从群体中抽离出来，无法脱离群体正是大部分人无法成功的原因，因为他们停留在旧

[①] 美国的一档老牌电视节目，以恶搞真人秀为主。

有的轨道上。我们所属的群体一旦听说有人在追求什么了不起的目标、人生梦想或是心愿，便会大泼凉水。我们会被各种各样的负面信息轰炸。"你要是失败了怎么办？""太冒险了点吧。""有一大堆不利条件绊着你的脚呢。""你还没那么聪明。""你上哪去弄钱？"面对这样的评判，还要坚持自己的追求，必须拥有超人般的毅力，可惜大部分人都没有这样的毅力，他们最终选择对群体投降。

从众心理启示❷：我们要创造自己的群体，吸引别人加入。成功人士之所以成功，是因为他们能够打造出自己的新群体，引起别人注意，再将别人拉入这个新群体。更有甚者，他们能将别的群体直接转移到自己麾下，成为自己的产品或服务的拥趸。虽然这样的"群体创造者"可能花费了数年时间才将整个"人群"吸引过来，但这种现象一旦发生，便给人一种"一夜成名"的假象。如果能让别人加入自己创建的新群体，我们就算赢了。比如，Facebook的用户本只是一个小群体，接下来一小组人开始加入进来。很快，一传十，十传百，更多人来了。最后，数百万的人觉得自己被抛弃在主流之外，便争先恐后地跳进Facebook这辆大花车。现在，这个网站的用户已经超过了10亿。Google的创始人所做的事情大同小异，他们将数百万的人从类似于Yahoo和AOL这样的用户群里吸引过来，成为自己的拥趸。百万富翁拥有大型群体，千万富翁有更大的群体，亿万富翁则拥有超大群体。我们麾下的群体越大，我们就越成功。

理解从众心理对于成功至关重要。我们要将自己与人群隔离开来，然后打造自己的新群体，吸引别人的加入。一开始，这是一个孤独的旅程，让别人注意到自己是需要时间的。但是，只要有好的产品或服务，并且坚持做下去，我们的群体一定会成长起来，我们也会取得巨大的回报。富翁们就是靠吸引人们加入他们创造的群体积累财富的，成功人士是成功的"群体创造者"和"群体转移者"。

17. 展现良好的礼仪

当我们与他人相处时，需要懂得在某些场合应该如何表现，以及对某些行为有什么具体的要求。富人们对礼仪规则掌握娴熟，能够在社交方面表现自然得当。如果我们追求有所成就，掌握以下一些礼仪规则是必须的：

❶ **不吝赠送致谢卡**：收到礼物后，向对方回赠一张致谢卡，不要在社交网站上道谢，而是送一张真正的致谢卡，因为道声"谢谢"能够体现我们的为人。那么，什么时候应该送卡片呢？如果有人记得你的生日，有人提起你人生中的大事，比如家人去世、孩子出生、家人结婚和订婚等，都是合适的时机。如果有人向我们推荐了客户，或是帮了我们或家人的忙，不妨写一张致谢

卡表达谢意；还清一位朋友或家庭成员借给我们的钱以后，应该送出致谢卡；听别人提到最近的一次得意举措，送一张祝贺卡；有人做了任何对我们或我们的家人有益的事，介绍我们认识了一位重要人物或了解重要的事物，都值得送出一张致谢卡。

❷ **懂得沟通礼仪**：每次注视他人的眼睛不超过5秒钟，然后移开视线，看向另一处5秒钟。只要反复练习，就能形成习惯。不要把脑子里出现的每个想法都从嘴里说出来，三思而后行。表达自己的看法并不见得要把所有内心活动全盘托出，因为有的想法可能不合时宜，会对我们的人际关系造成无法弥补的损害。不要当着一个人的面指责或抱怨另一个人，这是一个非常明显的危险信号，人们可能认为我们同样也会在背地里说他们的坏话，因此对我们退避三舍。不要聊别人的八卦，大部分八卦新闻都是负面的，可能影响我们的人际关系。尽量多搜集人际交往对象的信息，至少了解对方的生日、喜好、兴趣、毕业学校、家乡、家庭现状（婚否？有孩子吗？等等）、目前住址、梦想或目标。对对方了得越多，我们军火库里的弹药就越充足，与对方进行有效沟通的可能性也就越大。别忘记打电话向对方问好，在他生日的日子送去祝福，以及与对方探讨生活中的大事。

❸ **注重餐桌礼仪**：信不信由你，有许多人根本不知道该怎样吃饭。许多人从小就一边看电视，一边坐在餐桌边或是坐在快

餐店里吃饭。身处成功人士的世界里，我们应该知道如何在社交场合正确地"吃饭"。我们需要做到的是：入座后，立刻从桌上拿下餐巾，盖在大腿上；当菜没有上齐时，不要开始用餐；不要张着嘴咀嚼食物；咀嚼食物时不要说话；不要把自己吃到一半的食物放在公用酱料里蘸料；不要狼吞虎咽，与同桌人的用餐速度保持一致；不要将汤勺、叉子或小刀握在拳头里；放在外侧的叉子用来吃沙拉，内侧的则用来吃饭；不要拿着餐具打手势；不要伸长胳膊够任何东西（哪怕是盐和胡椒），而是请别人帮你递过来；坐在饭桌边不能无精打采，保持身体绷直；吃饱后，向同桌的人说声"抱歉"，然后到卫生间去确认自己的牙齿上是否沾着食物；不论去哪里，都在钱包里放一根牙签或类似的东西。

❹ **讲究着装礼仪**：学习如何正确着装非常重要，在工作场合和参加面试时的着装是有讲究的。我们可能出席各种社交场合：婚礼、正式晚宴、非正式晚餐会、订婚晚宴、葬礼、生日聚会、野餐等，所以需要了解在各种场合如何得体着装。基本的着装规则如下：

◎ 身处工作岗位和参加面试时：有的工作有针对特别目的的着装，比如建筑行业、道路施工等。如果是办公室白领，我们可以参照上司或上司的上司的着装方式。有的公司要求着商务便装，还有一些公司则要求男性穿西装打领带，女性穿套装、长裤、半身裙、带领衬衫、西装或是衬衫配西装（或开襟毛衣），以及时装鞋。

◎ 婚礼、通宵聚会和葬礼：在大多数情况下，在这些场合男士应该穿西装打领带，女士着装与工作装相同。不过，许多女性愿意穿正式晚礼服或是考究的小礼服，一般配上时装鞋。有的文化对此有特别的着装规定，需要额外留意。

◎ 正式社交场合：针对男士的正式社交场合着装要求分为随意正式礼服、正式礼服或超正式礼服。随意正式礼服指的是无尾晚礼服或深色西装，打黑色领带或蝶形领结，配黑色皮鞋；正式礼服是指黑色无尾晚礼服和黑皮鞋；超正式礼服则是黑色燕尾服、白色翼领衬衫和白色蝶形领结。对于女士，正式场合意味着要穿长款正式礼服、套装、半身裙配上西装或短上衣，或是短的小礼服，一般都要配上时装鞋或高跟鞋。要求着超正式礼服的场合在日常社交中并不多见。

❺ **得体地介绍自己**：在生活中，我们难免需要在有陌生人的场合进行社交，这是一个发展有益的人际关系的好机会。在这些人里，可能有我们今后的老板、另一半、好朋友、同事、投资商或是将来的生意合作伙伴等。在做自我介绍时需要注意几条准

则：面带微笑、握手坚定、保持目光接触、用一句话解释自己是谁、为什么出现在这个场合、与谁相识，并且向对方适当提问。

❻**必不可少的基本礼节**：为了在社交场合表现得体，我们需要注意一些基本礼节：常说"请"和"谢谢"；不要打断别人的谈话；听到与自己有分歧的意见时不能翻白眼；交谈时不可一直看着其他地方；交谈时绝对不能查看手机；保持开朗积极的态度，把批评和负面评价埋在心里；赞美，赞美，赞美，重要的事情说三遍；感谢活动或晚宴的举办者；绝对不能在社交场合骂人或说出不合时宜的言辞；不能做出无礼的举动。

18. 提携和指导他人

我们在前文谈到过寻找导师的重要性，但是我在研究中发现，还有一个和导师有关的富有的习惯也很重要，那就是提携和指导他人。当老师往往是最好的学习方式，因为指导别人意味着要将我们学到的内容进行传授，所以我们必须对自己的领域钻研得更为透彻。而且，通过担任导师的角色，能够把对方拉进我们创建的群体，将他转变为一个全心全意的追随者，这可是一件可能带来长期回报的投资。

19. 寻找支持者，避开恶意评价

恶意的负面评价会使我们在成功的道路上停滞不前，如同卡内基钢铁公司前总裁查尔斯·施瓦布多年前所说："我还从未

见过受到褒奖时比受到批评时表现更差,更不肯努力的人。"别误会我的意思:批评对于成功而言当然是必需的。我们需要别人的反馈,可惜很多反馈常常是恶意的负面评价,缺少真实且具有针对性的建设性意见。"你的产品之所以卖不出去,就是因为做得太烂了",或者,"你这人又专横,又傲慢,又自以为是,又……",甚至是这样的,"你对这事根本不在行,干砸了也很正常。"还有,"你就没一件事是做对的,快别折腾了。"虽然这些话大部分是对的,但是不具有建设性和针对性,听了也不过是浪费时间而已。不幸的是,我们收到的大部分都是这样充满了负面信息,对我们进行全盘否定的批判,而不是我们所需要的那种积极的、有针对性和建设性的建议。这些人之所以泼冷水,是因为他们对于如何帮助我们并没有任何概念,也从未在你所努力的方向取得任何成功,所以他们的建议只能是空泛的、缺少具有针对性和建设性的反馈。

这种破坏性的批评只会挫伤我们的锐气,打击我们的士气,成为通往成功路上的绊脚石,甚至导致我们彻底停下脚步。在追求梦想、远大目标或是人生目标时,我们需要那些能够提供积极、明确、有建设性建议的反馈者,这样的评价才能帮助我们走向成功。他们的评价意义重大,因为他们知道自己在说些什么。我们为之奋斗的目标也是他们曾经努力的方向,而且曾经取得过成绩，所以他们的认知很有价值；他们甚至可能帮助过像我们一样的人。因为过去的成功，他们说的话具有了分量。所以，如果我们希望实现梦想，就必须让身边围绕着支持者，而对那些泼冷水的人，还是有多远躲多远为好。

20. 相信自己

信念能够决定贫富。相信自己聪明的人会变聪明，相信自己一无是处的人会变得一无是处，相信人生潜藏喜悦的人能够品尝到喜悦，相信人生如战场的人会拼死搏斗。信念决定了我们在人生中留意到什么，忽略掉什么。大部分信念都是在我们年幼时，在父母、兄弟姐妹和环境的影响下形成的。这些在儿童时期竖立的信念会跟随我们进入成年。有些信念是积极的，有的则是消极的。积极的信念使我们有所成就，消极信念拖我们的后腿，阻挠我们充分挖掘自己的潜力。信念储存在我们的显意识和潜意识里，分散在边缘系统、大脑皮质、前额皮质以及组成大脑的上百亿脑细胞里。信念就像是迷你电脑程序，引导着我们在生活中的行为、选择和决定。如果想要改变自己的生活环境，就必须改变信念。我们应该采纳积极的信念，消除负面的、限制性的信念。以下这些方法或许对我们会有所帮助：

❶ **来自未来的信**：在前文已经详细介绍过这个方法，所在在这里只做简单的回顾。具体做法是，假设我们来到未来，写一封

信给自己,介绍在那时候自己的生活有多么美好。简单来说,就是为自己的生活描绘一幅完美而理想的生活蓝图。信中要介绍将来的自己住在哪里,拥有些什么,去哪里度假,是否做着自己热爱的工作,等等。

❷ **给自己写讣告**:在前文已经详细介绍过这个方法,在这里只是提醒一句,在给自己的讣告中,我们要描述假想中的光辉灿烂的一生,将所有了不起的成就和成功都写进去。我们要用语言描绘出自己一生中斐然的成就,让别人对我们肃然起敬。

❸ **列出梦想和心愿清单**:这一点我们将在后文详细进行解释,在这里只是简单进行介绍。将来自未来的信和讣告中提到的心愿和梦想一一列出来,然后进行精简:未来5年内最想实现的心愿和梦想是什么?随后我们将在这份清单的基础上设立目标。

❹ **围绕梦想和心愿设立目标**:这一点我们同样将在后文详细进行解释,在这里只是简单介绍设立目标的基本原则,那就是从每一个心愿和梦想出发,设立单个的目标,然后全身心地投入其中,集中精力实现一个,然后再瞄准下一个。

21. 为他人的成功助上一臂之力

为同样具有成功思维的人施以助力,帮他实现梦想,达成目标,实际上也是在帮助自己。俗话说"人以群分",我们在帮助别人完成梦想的同时,也等于为自己增添了追随者。缺少背后的支持团队，谁都无法获得成功。成功的人之所以成功，正是因为他们能够为具有成功思维的人创建一支宝贵的支持团队。要打造一支支持自己的团队，最好的办法就是为其他志同道合者首先提供帮助，但同时要注意，不能随随便便选择一个人进行帮助。我之所以反复强调"具有成功思维"的人，是因为我们应该集中精力帮助那些追求卓越的人，乐观的、目标导向的、积极向上而活力充沛的人。这一点很重要。大多数人都不具备这些特质，只有30%的人符合这一标准（拉杰·洛格纳汗博士，《今日心理学》，2013），所以我们需要花些时间，谨慎挑选那些值得获得我们的帮助的人。

22. 将思考变成日常习惯

"5%的人思考，10%的人觉得自己在思考，其他85%的人宁愿死也不愿意思考。"

——托马斯·爱迪生

在我针对富有的习惯所做的研究中，发现一个非常突出的现象，那就是思考对于这些白手起家的富人来说至关重要。我追踪了他们常用的10种思考习惯——虽然没到每天都用的程度，但也已经相当频繁了——发现了一个显而易见的事实，思考是这些富人成功的关键所在。所以我相当肯定，它应该是10个核心富有的习惯的其中之一。

富有的习惯
RICH HABITS

富人们通常选择在独自一人时进行思考，在这个过程中将与外界的接触全部切断。他们当中大部分会在清晨进行思考，还有的选择在上下班途中、在车里、在洗澡时以及在夜里进行思考。不过，总的来说，清晨仍是最常见的时段。他们一般在一觉醒来后找一个安静的地方想问题。思考时间为多长呢？我研究的富人们每次会花上15~30分钟时间进行思考。思考什么内容？这么说吧，他们思考的事情很多，而且是用"头脑风暴"的方式进行。他们每天花上一些时间，独自一人进行头脑风暴，考虑各种各样的问题。按照头脑风暴的内容，我将这一核心习惯分为以下10个类别：

❶ **职业发展**：他们问自己：我该怎样做才能挣更多的钱？才能提高自己在客户、客人以及老板心目中的价值？才能掌握更多专业知识？我需要多掌握一项技能吗？我应该读些什么书？我喜欢自己的工作吗？我喜欢做什么？利用我的爱好能挣钱吗？我应该换个行业吗？我应该在工作上投入更多时间吗？我是否可以少花些时间来工作？我工作足够努力吗？我懒吗？我真正擅长什么？我不擅长什么？做这份工作让我感到快乐吗？

❷ **经济状况**：我花钱是不是有点大手大脚了？我存的钱够多吗？如果现在退休，我的钱够用吗？赚够多少钱我才能退休？我有足够的钱供孩子上大学吗？我每个月的实际支出是多少？我是

否应该做个预算？我是否应该修改预算？我的投资方向正确吗？我的另一半擅长做投资吗？我缴纳的税款是不是太多了？我买的人寿保险够多吗？我是否应该为孩子们设立一项基金？

❸ **家庭**：我与家人相处的时间够多吗？我是否应该少花些时间工作，多花些时间与家人在一起？我是否把孩子惯坏了？我是否对孩子们太严苛了？我今年可以去度个假吗？在帮助孩子们获得成功这一方面，我尽力了吗？我该怎样做才能改善与爱人和孩子们之间的关系？

❹ **朋友**：我的朋友够多吗？我与朋友们相处的时间够多吗？为什么我没多少朋友？怎样才能交到更多朋友？我的工作是否影响了我的社交生活？我常给朋友们打电话吗？我和朋友们聚会的间隔以多长时间为好？我是否与哪个朋友很长时间没有交流过了？我有好朋友吗？我怎样才能不再与某某和某某打交道？我是否应该为朋友提供经济上的援助？

❺ **业务关系**：我能做些什么来改善我的业务关系？我与重要客户之间的联系够多吗？我该怎样做才能与某某和某某建立业务来往？我应该在哪些业务关系上多花时间，哪些业务关系又是应该放弃的？我的客户喜欢我吗？他们认为我的工作出色吗？

❻ **健康**：我的运动量够大吗？我是否应该减肥？我是否吃得太多？我吃得健康吗？我是否应该做个体检？我是否应该吃维生

素或者保健品？我需要做个结肠镜检查。我的血管有被堵塞的现象吗？我的睡眠足够吗？我饮酒是不是有些过量？我必须戒烟。我必须少吃垃圾食品。我需要吃更多蔬菜。

❼ **梦想设定和目标设定**：我在研究中发现，头脑风暴中的许多内容都涉及个人、财务、家庭和职业生涯方面的梦想和目标，比如梦想着退休后住在海滨别墅里，梦想着买一条船，梦想着生意越做越大，梦想着买度假屋，等等。

❽ **问题**：我所研究的富人主要思考的问题之一，便是如何解决当下带给自己最大压力的问题。这些问题大部分都很急迫，而且与他们各自的工作和家庭有关。当然，也有一些是比较长远的问题，比如如何提前为可能出现的问题做好准备（最常见的是与职业生涯有关的问题）。

❾ **慈善**：还有什么慈善事业是我可以参与的？我为我的教堂、企业组织、犹太会堂做出的贡献够多吗？为了对我的社群提供最大的帮助，我应该做些什么？我应该怎样帮助我的初中、高中和大学？我是否应该设立一项奖学金？我是否应该为自己的母校、教堂提供更多的捐款？我能帮助谁？

❿ **快乐**：我快乐吗？什么事让我感到不快乐？我该怎样做才能让那些让自己不开心的因素消失？我的爱人快乐吗？我的孩子快乐吗？我的员工快乐吗？怎样做才能让自己更加快乐？快乐是

什么？将来的我会快乐吗？是什么原因让我这么快乐？

没错，这些想法真是五花八门，无所不包。不过，一年里有许多日子可以用来进行头脑风暴。我们只需要培养起来这个习惯，随着思考的日积月累，当遇到紧急情况时，解决方案便会自行出现，而且我们也能看清到底是什么在驱使自己前行。思考的习惯帮助我们找到人生的意义所在，是白手起家的富人们每天必做的功课，也是成功拼图上不可或缺的一块。明白他们具体是怎么思考的，比理解他们为什么每天思考更重要。

23. 敢于提要求

很多人因为恐惧而不敢提出自己的要求，这里所说的恐惧实际上分为两种，害怕被拒绝的恐惧和害怕履行职责的恐惧。靠自己打拼起家的富翁们成功地克服了这些恐惧，敢于向别人求助。在调查过程中，有的富人告诉我，他们遇到过非常乐意帮忙的人，他们说请求帮助实际上是一个概率游戏，有的人会说"不"，但有些人会说"好"，并且伸出援手。我自己也曾经历过类似的矛盾心情，最近一次克服这种恐惧的经过就是一个很好的例子。《成功杂志》在2014年11月版刊登了一篇有关我的报道，随后我就发现自己在出书方面遇到了问题（我的书是自费出版）。我踌躇了3周，好不容易鼓起勇气给一位大富翁打了第一通电话，请求他为书的销售提供资助。在那3周里，我整个人都被恐惧和怀疑所淹没，一直犹豫不决。可是，通过自己的研究，我知道那些白手起家的富翁懂得请求帮助，尽管他们也同样感到恐惧。所以我最终还是这么做了。令我吃惊的是，第一位接到电话的富翁就表示愿意出资15万美元，以满足我的需求。害怕被拒绝、不敢担责任的心理导致我们不敢向别人提出要求，如果想要成功，就必须克服这些恐惧，一次又一次地提出自己的要求，直到有人说"好"。《圣经》里说，"你们求，就必得着"，这句话里藏着很深的智慧。

24. 避开消极事物

虽然在前文已经讨论过，应该尽量避免接触传递负能量的人，不过推而广之，我们也应该避免通过所有渠道传递的负面影响。这些影响通常来自个人，同时也可能来自媒体，比如电视、网站、报纸、收音机、杂志、书和博客。不要花太多时间去阅读、观看或收听新闻。媒体喜欢报道坏消息，因为它们会与人类天生的恐惧心理发生共鸣。虽然我们需要做到信息灵通，但浏览太多新闻却不是个好习惯，它们几乎瞬间就能让积极正面的好心情变得低落消极，使我们倍感压力、焦虑、难过甚至导致抑郁。

25. 承担适度的风险

靠自己白手起家的人懂得如何克服对于失败的恐惧，承担适度的风险。这些风险不是没有成本的。在通往财富积累的道路上，许多人都承受了经济损失。在我的调查中，所有富人都用自己的钱进行投资，有很多人为了追求梦想而向银行、家人或朋友借债，其中有27%的富人在冒险过程中真的经历过失败，不得不从头来过。需要强调的是，他们做到了"从头来过"。他们失败、犯错误，然后东山再起，利用从失败和错误中得到的教训取得了最后的成功。对财富的追求要求我们必须冒险，而普通人不敢冒险，所以普通人成不了富翁。

26. 寻求反馈

我们往往因为害怕批评而不去寻求别人的反馈，但实际上，只有通过反馈，我们才能知道怎样做是不对的，怎样做是正确的。寻求他人的评价——不管是正面的还是负面的——对于学习和成长是至关重要的。反馈帮助我们确认自己是否走在正确的道路上，帮助我们调整路线。白手起家的超级富翁们在投入一个新项目之前，都会先做小范围的测试。在新事物的萌芽阶段，付出一部分时间或动用一部分资源做小规模的尝试，便可以获得宝贵的信息，以决定将来是否要在这一领域全力以赴，换句话说，是否要将我们所有的资源和时间都投入这场冒险。为了做到不盲目冒险，客户的回馈对我们来说是非常重要的信息。

使我们与成功背道而驰的习惯——贫穷的习惯

贫穷的习惯让人们变得不快乐、不健康，产生消极的心态、

富有的习惯
RICH HABITS

抑郁的情绪、恶劣的人际关系,还会使我们囊中羞涩。习惯必然产生后果,坏习惯则产生负面结果。为了重塑自己的人生,我们需要养成好习惯,摆脱坏习惯。富有的习惯是非常特别的好习惯,因为它们是核心习惯。核心习惯之所以特别,是因为它们能够立竿见影地改变贫穷的习惯。养成一个富有的习惯,就能戒除一连串的贫穷的习惯,所以,富有的习惯才如此有效。每养成一个富有的习惯,就像打棒球时打出一记二垒安打或三垒安打,能推动我们更快地走向成功。不过,在了解应该养成哪些富有的习惯之前,我们需要弄清楚自己身上有哪些贫穷的习惯。下面列出了10种最恶劣的贫穷的习惯,正是它们在拖我们的后腿,摧毁我们的生活:

1. 投机

换句话说,追求不劳而获。世界上没有发横财这种事,积累财富需要时间,需要投入精神以及不懈的努力。投机分子总以为成功可以走捷径,在我调查的穷人中,有52%的人每周至少参与一次体育赌博,77%每周都买彩票。但是白手起家的富人们不喜欢投机。在我调查的富人中,84%不参加体育赌博,94%从不买彩票。赢得赌博的胜算极其微小,富人们不追求一夜暴富,而是培养追求梦想和目标的习惯。

2. 过度饮酒

在接受调查的穷人里，有54%的人每天喝超过两杯的啤酒、葡萄酒或酒精饮料，84%的富翁少于这个饮酒量。更糟糕的是，60%的穷人至少每个月喝醉一次。喝酒影响脑细胞中神经传导接收器的工作，导致它们反应迟钝或彻底失去功能，因此会影响人的记忆力和思考能力。喝酒还会在我们每天摄取的食物中加入大量的热量，导致超重或病态肥胖。

3. 过度沉溺于电视节目

77%参与调查的穷人每天看电视的时间超过一小时，67%参与研究的富翁每天看电视时间少于一小时。看电视是为了消磨时间，但是久坐导致缺乏活动对我们的身体有害。社交网站和其他新兴的社交媒体平台正在日渐取代电视的地位，不过对它们的依赖同样是贫穷的习惯。高效利用时间是白手起家的富翁的特征之一，而浪费时间是穷人的特征之一。

4. 消极心态

在我的研究对象中，有78%的穷人想法非常消极，54%的富人则拥有非常积极的心态。如果凡事都往消极的方面去想，是无法取得成功的。以消极的方式看待一切，会让我们的生活变得更加暗无天日。这一次，同样还是大脑的网状激活系统和海马体在起作用，它们努力使我们看到的事实与我们脑海中的信念保持一致。如果我们认为"我挣得真少啊",就等于为网状激活系统和海马体发出开始幕后工作的指示,它们会煞费苦心地推动我们做某些事情,好确保我们真的囊中羞涩。"我真倒霉"指示它们帮我们寻找坏运气,"我觉得诸事不顺"会让网状激活系统和海马体不眠不休地确保我们生活中一切都乱套,"满世界都是坏人"告诉它们赶快让我们与坏人打上交道,"我谁也不信"告诉大脑的这两个部门去寻找不值得信任的人,"有钱人都很坏"实际上保证我们永远也不会变成有钱人,"我真是天生穷命"是一种狭隘的消极信念,会指示网状激活系统和海马体想方设法保证我们一直穷下去。

"我买不起……。"

"我不够聪明,读书也不多。"

"我穷又不是我的错。"

"我穷都是被富人或政府害的。"

"生活是场战斗。"

这样的话我可以说个没完,不过你明白我的意思就好。当我们允许负面观念全面掌控自己的思想,就等于给大脑编写了一套走向失败的程序,它们会成为一种信念。结果,我们只会拿眼下在经济或生活上遭遇的窘境毫无办法。更糟糕的是,如果我们有了孩子,他们也会养成消极的思考模式,长大后跟我们一样过着庸庸碌碌的生活。所以说，"穷的越穷"这句话一针见血地道出了现实。

5. 不读书

在接受调查的穷人中，92%的人不读书学习，其中有79%为了消遣而读书。要成功必须先成长，而成长来自每天不断的阅读和自学。想要成功，就必须养成每天读书学习的习惯。

6. 拥有不良人际关系

在我的研究对象中，只有4%的穷人与具有成功思维者来往，另外96%的穷人与消极恶毒的人来往。只有让自己置身于志同道合的人之间，我们才有可能有所成就。

7. 收入来源过于单一

穷人往往只有一个收入来源，他们把所有鸡蛋放在同一个篮子里。而且，他们唯一的收入来源往往是一份工作，一旦失去这份工作，他们的生活就一点保障也没有了。

8. 得过且过

在我的研究中，95%的穷人没有任何人生规划，他们根本不会花时间憧憬自己未来的生活。成功是一个过程，它的起点在于我们对未来的生活有所憧憬，需要我们为自己的人生描绘一幅蓝图，同时也是为成功描绘的蓝图。这幅蓝图能够帮助我们确定自己的长远目标。没有人生蓝图和长期目标，我们就成了秋日的落叶，只能漫无目的地随风飘落。

9. 花的比挣的更多

95%参与调查的穷人没有储蓄，而且大部分负债累累。如此一来，他们退休后便没有足够的钱养老，无法供孩子上大学，也没有资金用来寻求自我展示的机会。88%的穷人背负着超过5000美元的信用卡债务。不存钱，加上入不敷出，导致他们长期陷在贫困的泥沼中，永远没有出头之日。

10. 对健康不利的习惯

在我所调查的穷人里，有77%从不锻炼身体，97%每天消耗垃圾食品产生的热量超过300卡路里，69%常常光顾快餐店（一周至少3次），86%不会每天用牙线剔牙，69%每周吃糖果超过两次，53%每天的睡眠时间少于7小时，66%超重至少13公斤。对健康不利的贫穷的习惯会带来坏运气，这种坏运气是贫穷的习惯、行为和糟糕的决策共同作用催生的副产品。不良健康习惯造成的坏运气又会导致饮食紊乱、心脏病、癌症、高血压等各种身心疾病。

这些贫穷的习惯是否让你感觉似曾相识？不用担心，接下来我会详细解释如何改掉自己身上的贫穷的习惯，养成属于我们个人的每日富有的习惯。每个人都有独特的贫穷的习惯在阻挡自己前进的脚步，改变人生的关键是改掉旧有的贫穷的习惯，用崭新的富有的习惯取而代之。接下来，我就来解释具体的做法。

📁 习惯跷跷板

既然我们已经对富有的习惯和贫穷的习惯之间的区别有了比较清晰的了解，那么该是时候说一说习惯跷跷板了。想象有这么一个跷跷板，它的一头是我们身上所有富有的习惯，另一头是所有贫穷的习惯。如果我们希望变得富有，就意味着在生活中必须有超过50%的日常习惯是富有的习惯，如果我们经济拮据，说明我们有超过50%的日常习惯是贫穷的习惯。如果处于中间阶层，则意味着我们习惯跷跷板上的两种习惯正好是一半对一半。

想让跷跷板朝着正确的方向，也就是朝着财富积累的方向倾斜，其实只需要简单地改变一些日常习惯。比如，中间阶层想要成为有钱人，只需要增加2~3个富有的习惯，或是改掉2~3个贫穷的习惯。穷人想变成有钱人，则需要增加更多的富有的习惯并且（或者）改掉更多的贫穷的习惯。

我想说明的是，富有和贫穷之间的区别并没有那么大，只需要对我们的日常行为做一点小小的更改。正如前文所说，我们的

富有的习惯
RICH HABITS
200

日常行为中有40%都是习惯使然,这就意味着在40%的时间里我们一直是放任自流的。在这40%的时间里,我们处于麻木迟钝的状态,甚至没有想过自己在干什么。如果我们拥有的是好习惯,那便是好事,如果我们有的是坏习惯,那就成了坏事。我们要么走在创造财富的路上,要么走在穷困潦倒的路上,只是自己一直浑然不觉。日常习惯是富有和贫穷,快乐与不快乐的源头,让习惯跷跷板朝着正确方向倾斜是个中关键,我会告诉你应该怎样做,才能做到这一点。

第三章　围绕梦想和目标培养习惯

📁 寻找梦想

　　白手起家的富人从不依赖于命运的安排、难以捉摸的好运气、上帝神灵或是别人发慈悲来获取自己想要的生活，他们只会采取行动。成功人士掌握自己的命运，打造自己的生活。在描绘自己的理想生活蓝图时，他们会用到一些策略，比如寻找梦想、目标设定和围绕单个目标培养习惯等。

　　寻找梦想是指对自己的梦想进行明确的过程。梦想代表着对事实或对未来的某种理想状态的憧憬。设定梦想的过程分为两个步骤：

　　1. 问问自己，10年、15年或20年后，我们希望中的理想生活是什么样的，然后将理想生活方方面面的细节进行详细的描述：

经济收入、住什么样的房子、拥有什么样的船、开什么样的车、积累了多少财富等。也就是前文提到过的"来自未来的信"。

2. 将对未来生活描述的细节列成一份清单，包括将来的收入、房子、车和船等。这些细节代表着我们的心愿和梦想。

我在研究过程中发现，成功人士主要运用7个步骤来描绘自己理想中的完美生活，每个步骤都描绘出某个方面的理想状态。我把这套方法称为"未来的镜中人"：

未来的镜中人

❶ **我的灵魂伴侣**：我想和谁一起度过余生？什么样的人会是我的灵魂伴侣？他/她是否上进、热情、快乐、雄心勃勃？用100字左右的篇幅，把这个人准确描绘出来，包括他/她的样子、做什么工作、交什么样的朋友，以及他/她的个性。总之，把我们希望与之共度余生的人的方方面面都仔细地描绘出来。

❷ **我的工作**：我理想的工作是什么？挣多少钱？和什么样的人共事？一个理想的工作日是怎样度过的？这份工作会把我带到什么样的场所？通过这份理想的职业我能学会什么技能？同样请将篇幅限制在100字左右。

❸ **我的身体状况**：我理想中的体重是多少？我的身材怎么样？为了保持身材，我会怎么做？为了保持健康和苗条，我吃什么样的食物？请将篇幅限制在100字左右。

❹ **我的住宅**：我理想中的住宅是什么样子？住在哪里？家有多大？值多少钱？有多少个房间？将房间和邻居一一描述出来，不要有所遗漏。还是保持在100字左右的篇幅。

❺ **我的活动**：在我的理想生活中，在下班后、周末和假期里应该做些什么样的活动？可以是爱好、副业或是任何喜欢做的事。同样请将篇幅限制在100字左右。

❻ **我拥有的物质财富**：我将会拥有什么？我有什么玩具？开什么车？戴什么表？穿什么样的衣服？我有多少钱？怎样进行投资理财？同样请将篇幅限制在100字左右。

❼ **总体蓝图**：到了最后一步，我们要把以上6个步骤的内容进行汇总。用1000字左右描绘我们的理想生活，不要遗漏任何细节。再次确定我们所期待的人生另一半、职业、财富、家庭、玩具、钱和想要达到的目标，将各部分汇总为一副完整的理想生活图景。这便是我们心目中的生活蓝图，从此我们便能够很清晰地了解自己对生活有什么样的期盼。

通过这个过程确定人生蓝图后，接下来要做的，就要参考这份蓝图中的内容，将所有的梦想和希望列成一份清单。这份清单将作为我们迈向成功的台阶，供我们围绕其中的每个梦想设定明晰的目标。

📂 目标设定

只有在确定自己的希望和梦想后,才能开始进行目标设定。在这个过程中,我们要围绕每一个希望和梦想设定目标。首先,我们要问自己两个问题:

1. 要实现每一个梦想或心愿,我必须做些什么?必须从事哪些活动?
2. 这些活动在我的能力范围内吗?

如果第二个问题的答案为"是",那么这些活动就是我们的目标。只有在涉及具体的行为,并且是在我们能力范围内的行为时,目标才有实际意义。比如,如果我想在一年内挣到20万美元,为了达到这一目标,我需要做些什么?我需要做一些具体的事,完成具体的任务吗?是不是需要打更多销售电话?是否需要增加一些培训?我需要获得本行业的特定许可证吗?是否需要提供更多产品?是否需要购买更多的租赁房产?是否应该为更高效的设备或技术进行投资?然后,我们要问自己,自己是否拥有做这些事情的能力,是否有必要的知识和技能用以采取这些行动?

Part2 改变习惯，重塑人生
第三章 围绕梦想和目标培养习惯

如果有，那么我们必须采取的每个行动就是一个目标。如果并不具有相应的能力，就必须在追求每一个彼此独立的目标前，锻炼出相应的能力。

再举一个例子：假设你是一名销售人员，想要在一年内增加50,000美元的收入，这个数目便是一个梦想。你需要做些什么，采取什么样具体的步骤，才能实现这个梦想？我们来一步一步地分析：

◎ 平均销售出一件产品的销售额是多少？答：5000美元。

◎ 每销售一件产品，我获得的佣金是多少？答：500美元。

◎ 为了达到50,000美元的收入，需要销售多少产品？答：100件。

◎ 我如何挖掘顾客？答：打电话是最好的方法。

◎ 打多少个电话才能约定一次面谈？答：5个电话。

◎ 面谈多少次才能销售一件产品？答：4次。

◎ 需要面谈多少次才能达到50,000美元的收入？答：400次面谈。

◎ 打多少次电话才能约定400次面谈？答：2000次。

◎ 我一年工作多少天？答：250天。

◎ 为了达成400次面谈、100次成功销售和增加50,000美元收入，我每天需要打多少个电话？答：每天打8个电话。

为了多赚50,000美元，我需要每天打8个销售电话——这就是一个新的日常习惯。你能做到每天打8个销售电话吗？如果回答是"能"，那么这就是我们需要养成的每日习惯：每天打8个电话进行推销。

📁 围绕单个目标设定习惯

简单来说，要建一栋房子，需要两个步骤：

1. 画好蓝图
2. 盖房子

看起来相当简单，不是吗？这栋房子的每个组成部分都必须先画在图纸上，然后才能照图进行建造：厨房、卫生间、家庭娱乐室、饭厅、卧室以及任何你希望这栋房子所拥有的——它们都是房子的组成部分。

Part2　改变习惯，重塑人生

第三章　围绕梦想和目标培养习惯

打造我们理想中快乐而成功的生活也是一样的过程。理想生活的蓝图是由生活的方方面面所组成：理想的工作（自己喜欢做，而且还能谋生的事）、理想的生活居所、理想的另一半、想去旅游的地方、希望积累的财富等。这些被人们称为梦想或希望。我们打造理想生活的过程，开始于明确自己的梦想和希望的过程，把它们汇总起来，那就是我们的生活蓝图。

而目标就像是施工队，我们需要清晰地设定所有能让梦想成真的目标，所以目标设定的过程必须围绕每一个梦想或希望来展开。一个梦想的实现可能需要达成1个、5个或10个目标。当与某个梦想有关的所有目标都达成，这个梦想也就随之成为现实。

每一天，我们都可以下意识地做一些有助于自己达成目标的事，这便是我们应该养成的习惯。我们要围绕每个具体的目标设定日常习惯。习惯一旦养成，便会在合适的时候自动执行，实现目标也就变得不那么费劲了。把日常习惯添加在待办事项列表中，核对它们的完成情况，这就是成功人士的做法。通过每天下意识地执行各种习惯，他们把成功变成水到渠成的事情。

现在，我们对寻找梦想、目标设定和习惯建立的过程进行一个总结：

富有的习惯
RICH HABITS

◎ 用语言描绘出理想生活的蓝图。

◎ 将为了拥有理想生活必须实现的每个梦想或心愿列出一份清单。

◎ 围绕梦想和心愿设定清晰的目标。

◎ 围绕每一个目标培养日常习惯。

每一个梦想或希望都可以照此办理。

第四章　改变习惯

如果我们对自己的所作所为没有任何觉察，哪怕只是改变一个习惯也是很困难的。要记住，当我们尝试改变一个习惯时，大脑是会反抗的，结果是新习惯往往于几周之后土崩瓦解。同样的道理，当我们想要结束一个旧习惯时，大脑也会在几周后迫使我们故态复萌。结果，动力弱了，意志力摇摆了，我们变得焦虑了，而老习惯卷土重来。如果不了解习惯改变过程中的小窍门，我们就只能用（我称之为）"极度厌恶疗法"的方法来迫使自己进行改变。"极度厌恶"的程度是很难达到的，说白了其实就是触底反弹——当自己受够了眼下的生活状态，以至于能够积攒起非比寻常的强大意志力，迫使自己改变习惯。可是，我必须要说，这是不正常的做法。谁也不希望等到自己的生活被坏习惯拖累到彻底崩溃的时候才行动，我们并不希望等到触底的那一天。

经过11年对350多位富人和穷人的研究和分析后，我发现有些规律能够使习惯改变的过程变得相当简单。我开发了一个简便易行的方案，只需要花上21天就能改掉自己的习惯。这应该正是你买这本书的原因：你需要一个简单、容易操作的方法来改变自己的习惯，从而避免让自己的生活坠到谷底。除了这个简便易行的过程，我还会与你分享关于习惯改变的最新科学发现。通过这些科研上的突破，我们能够欺骗自己的大脑，在不与大脑对着干的情况下实现习惯的改变。好了，爬坡阶段结束。现在请系好你的安全带，因为你的人生将发生巨变，而且是以一种只有在做梦时才敢想象的方式。我们这就开始吧。

📁 觉察自己的习惯

要改变习惯，首先需要对它们有所觉察。要做到这一点，我们需要记录自己的每一个习惯，从起床时开始，直到入睡前结束。所以，首先我们需要花两天时间对习惯进行记录。这件事比较适合在工作日进行，因为大部分习惯是由环境触发，而且在有压力的情况下执行的，工作场所正是最常见的压力来源。下面是一份习惯觉察表：

Part2　改变习惯，重塑人生

第四章　改变习惯

习惯觉察表

1	早上8点起床，开始一天的生活
2	喝一杯咖啡，配一个涂了黄油的硬面包圈
3	喝咖啡时抽一根烟
4	冲澡，准备上班
5	开车上班，中途抽一根烟
6	开车途中听音乐或电台的听众热线节目
7	上班后首先检查电子邮件和语音信箱
8	接下来先回复所有的电子邮件和语音信箱
9	工作
10	休息片刻，与同事闲聊15分钟
11	每当收到一封电子邮件或接到一个电话，便马上回复
12	和同事在一家快餐店吃午饭
13	午饭期间闲聊天
14	下午的工作
15	接到电子邮件和电话时马上回复
16	休息一会，与同事聊天，抽根烟15分钟
17	下午5点下班
18	开车回家，路上听脱口秀、新闻或音乐
19	吃晚餐，喝一点啤酒或葡萄酒
20	看3小时电视
21	在床上花1小时或更多时间读科幻小说
22	在晚上11~11点半入睡

用下面这张空白的表格记录自己的习惯，创建自己的习惯觉察表。

富有的习惯

RICH HABITS

习惯觉察表

1	
2	
3	
4	
5	
6	
7	
8	
9	
10	
11	
12	
13	
14	
15	
16	
17	
18	
19	
20	
21	
22	

Part2 改变习惯，重塑人生
第四章 改变习惯

📂 评估自己的习惯

接下来，请对自己目前的习惯进行评估。在好习惯后面打一个+号，坏习惯后面打一个–号。例如：

习惯评估表

		+或–
1	早上8点起床，开始一天的生活	–
2	喝一杯咖啡，配一个涂了黄油的硬面包圈	–
3	喝咖啡时抽一根烟	–
4	冲澡，准备上班	
5	开车上班，中途抽一根烟	–
6	开车途中听音乐或电台的听众热线节目	
7	上班后首先检查电子邮件和语音信箱	–
8	接下来先回复所有的电子邮件和语音信箱	–
9	工作	+
10	休息片刻，与同事闲聊15分钟	–
11	每当收到一封电子邮件或接到一个电话，便马上回复	–
12	和同事在一家快餐店吃午饭	
13	午饭期间闲聊天	–
14	下午工作	+
15	接到电子邮件和电话时马上回复	–
16	休息一会，与同事聊天，抽根烟15分钟	–

富有的习惯
RICH HABITS

17	下午5点下班	-
18	开车回家,路上听脱口秀、新闻或音乐	-
19	吃晚餐,喝一点啤酒或葡萄酒	-
20	看3小时电视	-
21	在床上花1小时或更多时间读科幻小说	-
22	在晚上11到11点半入睡	-

现在请利用之前制定的习惯觉察表,为自己做一份习惯评估表。

	习惯评估表	+或-
1		
2		
3		
4		
5		
6		
7		
8		
9		
10		
11		
12		

Part2 改变习惯，重塑人生

第四章 改变习惯

13	
14	
15	
16	
17	
18	
19	
20	
21	
22	

填写习惯评估表是为了为改变习惯做好准备。不必因为看到自己有如此之多的坏习惯而担心，这个步骤的目的就是为了让我们意识到不良习惯的存在。改变习惯必须从觉察习惯开始。我们知道有哪些习惯在拖自己的后腿，才能有的放矢地改善自己的生活。不幸的是，大部分人完全忽略了这一步骤，直接跳到增加新习惯的步骤。不知道有多少人曾经在每一次新年伊始时写下了新年的愿望，可是，他们对自己本身已有的习惯并没有概念，而他们的生活正是被这些习惯所塑造的。改变习惯意味着先把坏习惯连根拔起，然后再培养新的好习惯，为的是让习惯跷跷板朝正确的方向倾斜。为了做到这一点，我们必须首先了解已有的习惯，并且对它们的优劣做出判断。

📁 富有的习惯跟进表

第一阶段：早间习惯

我们已经很清楚哪些是好习惯，哪些是坏习惯，是时候开始拟定一份自己的富有的习惯清单了。这份清单中的项目最终将成为我们日常活动的一部分。习惯的改变是一个过程，需要一定的时间，而比较稳妥的做法是从先改变一些简单的习惯入手。在第一阶段中，我们先选择一些早上的习惯，花上7天时间进行改变。示范如下：

富有的习惯清单——第一阶段：早间习惯

今天早上我6点钟起床。
今天早上我花了30分钟读书学习。
今天早上我花了30分钟锻炼。
今天早上我拟好了一天的待办事项。
今天早上去上班的路上，我听了有声书或播客。
今天早上我没有吃垃圾食品。
今天早上我没有不断地查看电子邮件。
今天早上我做了3件与我的个人目标有关的事。

小提示：在我的调查中，44%的成功人士每天比上班点提前至少3小时起床。他们利用早晨的这段时间读书学习、锻炼身

体、钻研自己的目标、爱好或副业、计划一天的日程安排、写作、学习夜校课程等。充分利用每天清晨的这段时间，就像给自己增加了一份投资，所以请花些时间为自己拟定一份早间富有的习惯跟进表：

富有的习惯跟进表——第一阶段：早间习惯

早间习惯	周日	周一	周二	周三	周四	周五	周六

这份早晨的富有的习惯跟进表供你在接下来的7天里使用，请坚持每天检查自己的行为，是否符合每一条新制定的富有的习

惯。这份清单会迫使我们尽职尽责地执行好这些习惯。7天后，这些习惯就会生根发芽，我们的大脑里也会随之产生新的神经元突触，并且随着每天不断重复新习惯而逐渐长大强壮。如果能够完成习惯核查单中的30%或更多的项目，我们应该好好夸奖自己一番。哪怕只是改变少数几个日常习惯，也会对我们的生活产生深远的影响，请切记这一点。

第二阶段：日间习惯

按照早晨的习惯清单执行至少7天后，我们该准备好进行到下一阶段了：通过类似的方法，改变我们的日间习惯。比如：

富有的习惯清单——第二阶段：日间习惯

我在午休时间读书学习30分钟，或是做一些与实现目标有关的事情。
我没有在午休时间和下午与同事闲聊八卦消息。
中午和下午我都没有吃垃圾食品。
我在下午1~2点检查并且回复邮件和语音信箱。
我在下班途中听有声书或者播客。
我在下午喝了一杯水，没有喝咖啡。
今天下午我打了几个电话，向对方表达问候、致以生日祝福或探讨生活中的大事。
今天下午我做了两件与我的个人目标有关的事情。

小提示：在我的调查对象中，有63%的成功人士选择在上下班途中听有声书或播客，95%的非成功人士在上下班途中听收音机里的脱口秀或音乐节目；79%的成功人士不抽烟，而46%的非成功人士抽烟；八卦消息一般都是负面的，94%的成功人士不聊任何八卦，79%的非成功人士每天聊八卦；70%的成功人士每天通过垃圾食品摄入的热量少于300卡路里，97%的非成功人士摄入量超过300卡路里；成功人士拨出专门的时间段回复邮件和语音信箱，这使得他们免于分心，能够保持专注，富有效率，非成功人士却随时回复邮件和语音信箱。

现在请花些时间为自己拟定一份日间富有的习惯跟进表。

富有的习惯跟进表——第二阶段：日间习惯

日间习惯	周日	周一	周二	周三	周四	周五	周六

在这个阶段，我们还是要花至少7天时间，执行日间的习惯清单。继续保持早晨的习惯，同时努力在每天的日常生活中加入这些新的日间习惯。尽量将早晨的习惯和日间习惯进行合并，加以巩固。

第三阶段：晚间习惯

7天又过去了，相信你已经为进入第三阶段做好了准备。在这个阶段，我们将把夜间习惯加入到日常活动中来。同样，我们需要利用之前制定的习惯觉察表来制定新的夜间习惯跟进表。举例如下：

Part2 改变习惯，重塑人生

第四章 改变习惯

富有的习惯清单——第三阶段：晚间习惯

我今晚看电视时间没有超过1小时。
我今晚上网娱乐的时间没有超过1小时。
我花了至少1小时用来追求自己的梦想和目标、发展一项副业或提高赚钱的技能。
今晚我参加了社交群体、非营利组织或企业组织的活动。
今晚我给儿子的运动团队当了教练。
今晚我花了30分钟时间读书学习。
今晚我在晚上10点前就睡了。

小提示：在我的研究对象中，67%的成功人士每天看电视的时间少于1小时，77%的非成功人士看电视超过1小时；63%的成功人士花在网络娱乐上的时间少于1小时，74%的非成功人士每天浏览各种社交网站的时间超过1小时；62%的成功人士每天都花时间追求自己的目标，相反做到这一点的非成功人士只有6%；每晚保持7~8小时的睡眠时间对健康很重要，尤其是对大脑的健康，我的研究结果显示，成功人士平均睡眠时间为每晚7个半小时，而非成功人士平均少于7小时。

现在请花些时间为自己拟定一份晚间富有的习惯跟进表。

富有的习惯跟进表——第三阶段：晚间习惯

餐间习惯	周日	周一	周二	周三	周四	周五	周六

我们还是需要花至少7天时候执行这份晚间习惯跟进表。继续保持早间和日间的习惯，同时把这些晚间习惯加入到每天的日常活动当中。

📂 巩固养成的新习惯

我们可以试着将所有这些新习惯进行合并，填写在下面的表格中：

富有的习惯整体跟进表	周日	周一	周二	周三	周四	周五	周六

一旦做好这张完整的富有的习惯跟进表，就要利用它监督自己每天严格执行其中的项目。日积月累，这些新养成的富有的习惯会成为下意识的行为，无须动用意志力或思想就能自动执行。这些习惯会为我们的成功奠定基础，帮助我们改善自己的经济状况，使我们更加自信，而且在不知不觉中便会走上通往成功的道路。这些习惯就像是我们为成功做的投资，回报则是成功和快乐的人生。把我们的富有的习惯想象成飘落在山坡上的片片雪花，渐渐的，它们就会像雪花慢慢形成积雪那样积累起来。每天一点点的积累也许很不起眼，但是到了某个时刻，它们就会演变成一场"成功大雪崩"，我们会得到奖金、加薪、升迁、更好的工作、更大的客户或者更加健康的身体作为回报。

改变习惯的捷径

以下6个有效的捷径可以帮助我们加速习惯改变的过程，它们分别是习惯合并、限定人际交往对象、改变环境、从小习惯开始、将新习惯列入待办事项表以及架空坏习惯。每一条捷径都能使习惯改变起来更快更容易，需要的意志力也更少。

1. 习惯合并

把一个现有的习惯（即已经存在的神经通路）想象成一列运行在轨道上的火车，只不过它是存在于我们的大脑里而已。如果往这列火车上增加一个新习惯，就像往上面增加一个新乘客一样，大脑是不会拼命反抗的，因为我们并没有掌控火车或轨道的意图，只是搭个便车而已。当旧习惯不把新习惯视为一种威胁，就不会发起反抗新习惯的斗争，阻止它的形成。

举例说明具体做法：假设我们想增加每天读书学习30分钟的新习惯，同时有一个现有的习惯，是每天在爬梯机上锻炼30分钟。如果在爬梯机上放一本书，一边锻炼一边阅读，我们几乎马上就能形成一个新的"合并"习惯，并且能够坚持下去，而这个习惯的触发事件就是放在爬梯机上的那本书。

还有一个例子：如果你有一个每天喝咖啡的习惯，同时想增加一个喝水的新习惯，那么只要把自己的咖啡杯放在饮水机上、水槽里或者冰箱里，挨着水壶放好即可。当大脑告诉你该喝咖啡了，你就会起身去找咖啡杯，于是咖啡杯便成为一个触发事件，提醒自己要喝一杯水。用这样的方法，只需要几天时间就能培养起喝水的新习惯。

2. 限定人际交往对象

人际交往的对象可能会触发老习惯，如果我们正在努力戒除一些旧有的坏习惯，就要限制与会触发这个习惯的人的联系，同时与拥有我们希望养成的好习惯的人增加联系。在自己的人际关系网络、非营利组织、企业组织或所有追求类似目标的团体里，都能找到这样的人际交往对象。比如，如果我们的新目标是多读书，就可以参加一个定期聚会的阅读小组，大家聚在一起对读过的书展开讨论。此外，找到坚持慢跑的人，与他们一起慢跑、锻炼身体，也是很好的例子。一旦我们开始改变习惯，就能发现许多有着同样习惯的人。他们一直就在我们身边，但是只有在我们决定改变某项日常习惯后，才会留意到他们的存在。

3. 改变环境

当环境发生改变时，改掉坏习惯和养成新习惯是比较容易做到的。新的家、新的邻居、新朋友、新工作、新同事、新城市都为新习惯的形成提供机会。环境改变了，我们就不得不思考新的处事方法。勺子、刀子和叉子变了样子，所以我们得思考；上班路上乘车的路线不同，我们得思考；一份新的工作意味着新的工作任务，我们得思考。最终，为了工作起来更加轻松，大脑会迫使我们在新的环境下养成新的习惯。

4. 从小习惯开始

从小的习惯开始改变，行动起来会容易很多。要改变一个小习惯，只需要养成一个不需要太费劲就能养成的新习惯。比如，多喝水、吃维生素补充剂、在上班途中听有声书等。小习惯的改变也可以通过限制现有的坏习惯来实现。比如减少抽烟的次数，将每天看电视的时间限制在半小时之内，将浏览社交网站或上网的时间限制在1小时之内。习惯越小改起来越容易，坚持起来也更容易。成功改变小习惯能让我们不断获得动力和自信，敢于在将来对更重要、更复杂的习惯开刀。

5. 将新习惯列入待办事项表

在我的调查中，有67%白手起家的富人每天制定待办事项列表。通过待办事项表，不动声色地将成功渗入他们的生活。他们使用待办事项表的技巧之一，就是把一部分好习惯嵌入待办事项中。这些日常习惯每天出现在待办事项中，迫使他们必须严格执行，于是他们每天都必须重复那些自己正在努力培养的新习惯。如果只是简单的日常习惯，几周后就能真正形成，用不着继续出现在待办事项中。这时候不妨用其他正在培养中的新习惯进行替换，继续利用"待办事项法"培养新习惯。

6. 架空坏习惯

改变习惯的窍门之一，就是在我们和坏习惯之间人为地制造障碍，增加执行习惯的难度。比如，也许我们每晚看电视的时候总要吃些垃圾食品。之所以吃这些垃圾食品，是因为它们就在食品储藏柜里放着，如果不在的话，我们就吃不着了。为了让这

富有的习惯
RICH HABITS

个坏习惯执行起来更麻烦，就不要在柜子里储藏垃圾食品了。其实，吃垃圾食品并不是这个坏习惯的重点所在，看电视时总要吃点什么才是。所以，清除垃圾食品也许能够阻止我们吃点心，但更有可能的是，坐下来看电视这个动作本身就会暗示我们，接下来我们会自动地进入寻找点心的程序。不过，我们可以把奖赏换成一种不同的点心，最好是一种健康的点心，至少也得是一种低热量的替代品。

还有一个坏习惯是晚饭过后花上一整晚刷网页。要增加这个习惯的执行难度，可能需要关掉电脑，把电脑挪到地下室，或者把网线拔掉。这样一来，我们就需要做出一些努力才能执行这个坏习惯，意志力薄弱的人很可能就放弃了。而意志力往往在一天快要结束时是最薄弱的。

典型案例：富有的习惯的效果
本·卡森医生：为了自我提升而坚持阅读

本·卡森是一位举世闻名的神经外科医生，他从小在底特律的一个贫民区里生活。卡森太太担心儿子会与贫民区里众多孩子一样碌碌无为，便要求小卡森每天坚持读书，充实自己。为了确保儿子养成每天阅读的习惯，她要求卡森每周写一份读书总结给自己看。所以，小卡森每天都到图书馆去读好几个小时的书，而且每到周末，他就会向他母亲交一份自己写的读书总结。卡森太太制定的计划有效地打开了卡森的眼界。他从书里读到那些穷人如何白手起家，最终成为一代杰出人物的故事，便认为既然别人能够做到，自己也不该落于人后。每天阅读的习惯帮助卡森在学校取得了优异的成绩。看到渐渐改善的成绩，卡森重获自信，这份自信让他坚定地相信自己能够上大学，然后又上了医学院，成为一名医生。长大后，卡森依旧每天坚持阅读和学习，最后成为举世闻名的好医生，受到世人拥戴。这个故事里最有趣的地方在于，许多年后，卡森医生才知道原来自己的母亲没有受过教育，他的读书总结母亲一个字都不认识。这位母亲只是凭自己的直觉，认为如果帮助孩子把阅读这个富有的习惯坚持下来，就能够帮助他走出贫民区，走上成功之路。不出她所料，这个方法的确有效！

阿诺德·施瓦辛格：全心全意追逐梦想

阿诺德·施瓦辛格先是作为一位专业健美运动员在国际上获得了一定的知名度，然后又成为名噪一时的好莱坞巨星和著名的政治家。这一切都始于阿诺德在青少年时期无意中看到的一本杂志，那上面有一篇雷格·帕克的报道，他是一位著名演员，1961年在一部广受欢迎的意大利电影中出演大力神。在帕克的激励下，阿诺德萌发了成为世界上最伟大的健美运动员的梦想，并开始进行力量训练。他在追梦过程中的投入和专注程度堪称传奇。在距某届奥林匹亚先生健美大赛只有两个月的时候，阿诺德的父亲去世了。母亲恳求他回到澳大利亚参加葬礼，却被他拒绝了，理由是这会让他的训练分心。多年后，阿诺德承认，尽管当时的决定对自己而言是正确的——他最后赢得了健美先生称号——却在与母亲以及当时女友的关系中造成了裂痕。她们无法理解，阿诺德怎么会把梦想看得比父亲的离世更重要。但是阿诺德的确是把梦想放在第一的位置，而且是生活中一切事情的优先级。阿诺德在1960年第一次举起了杠铃，10年后第一次赢得了奥林匹亚先生的头衔，他把整整10年时间奉献给了这个梦想。后来，阿诺德同样用这种激光一般无比精准的努力追求其他梦想，比如成为著名演员，以及后来成为加利福尼亚州州长。虽然阿诺德对梦想的专注有些极端，但他的故事让我们明白，在追求梦想的路上，保持专注有多么重要。

理查德·布兰森：拓展开源渠道

理查德·布兰森是21世纪最传奇的富翁之一，他总是铆足了劲不断开拓各种赢利渠道。布兰森从不依赖任何单一的收入来源，他的生意遍布于数百个不同的行业当中。布兰森建立并经营着400多家公司，涉及音乐零售、音乐唱片、音乐录像制作、国际航空、橄榄球队、航天器制造、电信、手机、健身中心、书籍的零售、出版和发行、替代性能源、银行、风险投资、旅行社、旅馆、滑雪饭店、温泉疗养院、赛车队、收音机、铁路等诸多行业。他虽然犯下数以千计的错误，但总是屡败屡战，依旧对每个挑战和机会充满激情。他之所以推动自己一手打造的维珍企业王国不停向外延伸触角，正是出于拓宽赢利渠道的目的。布兰森知道这个富有的习惯对于创造财富的重要性。

罗宾·夏玛：早起好处多

罗宾·夏玛是世界知名的领导力专家、个人和行业发展培训大师、《财富》杂志500强企业的顾问、专业的励志演说家以及畅销书作家，他的书销量达到了600万册。夏玛把自己的成功归功于早起这个富有的习惯，而且他把这个习惯称为"清晨5点联盟"。这是一天里他用来锻炼、阅读、冥想和为一天工作做准备的时间。这个富有的习惯为夏玛创造了一个巨大的财富帝国，使他成为全世界最著名的领导力专家之一。

杰克·坎菲尔德：寻找人生导师

杰克·坎菲尔德，创作了《心灵鸡汤》系列和《成功法则》

富有的习惯
RICH HABITS

等作品，图书销售达5亿册，创下吉尼斯世界纪录。他是美国公认的顶级励志大师，他通过每年创办讲座、培训课程和教练课程向上万人传授自己的成功法则。他是怎么做到的？坎菲尔德接受过C.克莱门特·斯通的指导，后者是一位具有传奇色彩的个人发展咨询大师，他指导的学生包括《成功杂志》的前发行人，也就是《世界上最伟大的推销员》一书的作者奥格·曼迪诺，这本书的销量超过2亿册。不过，克莱门特只是坎菲尔德众多人生导师中的一位，其他指导过坎菲尔德的人还包括马克·维克多·汉森、珍妮特·斯韦茨、约翰·格雷、鲍勃·普罗克特、吉姆·罗恩、约翰·麦克斯韦尔等。看来导师也是多多益善！

后　记

　　团队的支持很重要，不然点子再好也是枉然。在创作《富有的习惯》的这些年里，我有幸接触到一些非常优秀的人并与之合作无间，在我的心目中，已经把他们当作团队的一部分。正是通过他们的帮助，我的"富有的习惯"研究才渐渐为公众所了解。是他们把我这个躲在洞穴里的原始人拉了出来，并递给了我一个麦克风。

　　感谢《成功杂志》的发行人达伦·哈迪对我进行的采访。2014年11月的《成功杂志》刊登了那篇报道之后，已经有将近30万人知道了我，知道了《富有的习惯》这本书。谢谢你，达伦。

　　商业内幕网的利比·凯恩也是我最喜欢的支持者之一。利比给我机会与商业内幕网的百万读者一起分享我的《富有的习惯》。感谢利比敞开大门，邀请我成为商业内幕网的撰稿人。谢谢你，利比，谢谢你的鼎力支持。

　　谢谢我的出版商山顶传媒集团，感谢每一位为我的书进行编辑和制作的辛勤员工，感谢你们在为这本书工作的过程中再次展现出来的专业和付出的劳动。有赖于你们投入的工作，我的书得以跻身于畅销书及获奖作品的行列。谢谢山顶传媒，谢谢你们所做的一切。

我还要感谢保拉·安德烈娅，她提出宝贵意见，使我的书得到不断的改进和完善。保拉贡献大量的时间和精力，想尽各种办法来提升这本书的质量，特别是关于财务成功的内容。谢谢你，保拉。

富有的习惯跟进表

初始体重	
目标体重	
结果体重	
热量设定值	

日期	星期	体重	有氧运动时间	健身房运动时间	早餐热量	午餐热量	晚餐热量	当日总热量	当月总热量	平均热量

富有的习惯

RICH HABITS

富有的习惯跟进表

月份	有氧运动天数	分钟数	健身房运动天数	平均热量	体重（减少/增加）	起始体重	结果体重
1月							
2月							
3月							
4月							
5月							
6月							
7月							
8月							
9月							
10月							
11月							
12月							

© 民主与建设出版社，2018

图书在版编目（CIP）数据

富有的习惯 /（美）托马斯·科里著；程静，刘勇军译. —北京：民主与建设出版社，2018.5
书名原文：Change Your Habits, Change Your Life；Rich Habits
ISBN 978-7-5139-1939-5

Ⅰ.①富… Ⅱ.①托… ②程… ③刘… Ⅲ.①习惯性—能力培养—通俗读物 Ⅳ.①B842.6-49

中国版本图书馆CIP数据核字（2018）第020370号

著作权合同登记号：图字01-2017-7285

Rich Habits
Copyright © 2010 by Thomas C. Corley
Change Your Habits, Change Your Life
Copyright © 2016 by Thomas C. Corley
This edition arranged by Thomas C. Corley
Simplified Chinese edition © 2018 China South Booky Culture Media Co., Ltd
All rights reserved.

富有的习惯
FUYOU DE XIGUAN

出 版 人	李声笑
著　者	[美]托马斯·科里（Thomas C. Corley）
译　者	程　静　刘勇军
责任编辑	韩增标
监　制	于向勇　秦　青
策划编辑	刘　毅
文案编辑	王槐鑫
版权支持	文赛峰
营销编辑	刘晓晨　刘　迪
封面插图	刘　俊
版式设计	姜利锐
封面设计	末末美书
出版发行	民主与建设出版社有限责任公司
电　话	（010）59419778　59417747
社　址	北京市海淀区西三环中路10号望海楼E座7层
邮　编	100142
印　刷	三河市兴博印务有限公司
开　本	787mm×1092mm　1/16
印　张	16
字　数	150千字
版　次	2018年5月第1版
印　次	2020年2月第4次印刷
书　号	ISBN 978-7-5139-1939-5
定　价	45.00元

注：如有印、装质量问题，请与出版社联系。